© Hugo Corvalan

ANA MOLLINEDO MIMS ha sostenido puestos con corporaciones en la lista de Fortune 500 y organizaciones sin fines de lucro, guiando desarrollos estratégicos, cambios de gerencia, communicación, medios y relaciones corporativas, relaciones gubernamentales e inversionistas, esfuerzos comunitarios y filantrópicos y el diseño y la estrategia de sitios web. Habla a nivel nacional frente grupos de negocios sobre estrategias de desarrollo, crecimiento, implementación de las funciones corporativas globales, guía y asesoramiento y la construcción de rendimiento de inversiones a través de la integración de negocios junto con la función de los asuntos corporativos. Tiene un interés particular en el desarrollo de las carreras de mujeres jóvenes y estudiantes y profesionales minoritarios. Ha escrito articulos, ha aparecido en programas de televisión y ha sido entrevistada numerosas veces en revistas de negocios, incluyso ha aparecido en la portada de *Black Enterprise*. Ana es cubana-americana y vive en Connecticut con su esposo, John, y su hija, Sydney. Para recibir más información sobre la autora, visite www.anamollinedomims.com.

Mantenga la *Fe*

# Mantenga la *Fe*

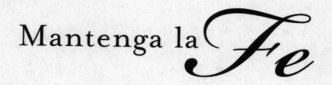

Descubra Su Propósito Espiritual
en Su Trabajo y Obtenga un Éxito Extraordinario

## ANA MOLLINEDO MIMS

Traducido del inglés por Gabriela Marrone

rayo

*Una rama de HarperCollinsPublishers*

Este libro fue publicado originalmente en inglés en el año 2007 por Rayo, una rama de HarperCollins Publishers.

PRIMERA EDICIÓN RAYO, 2008

Library of Congress ha catalogado la edición en inglés.

ISBN 978-0-06-123389-0

08  09  10  11  12  WC/RRD  10  9  8  7  6  5  4  3  2  1

*En el corazón de cada hombre*
*hay un vacío divino*
*que no puede ser colmado por ninguna cosa creada,*
*sólo por Dios el Creador,*
*dado a conocer a través de Jesucristo*

—BLAISE PASCAL,
matemático (1623–1662)

# Índice

# Prólogo

CONSEGUÍ MI PRIMER TRABAJO PAGO cuándo tenía quince años. Trabajaba medio día para una compañía de seguros haciendo llamadas telefónicas y averiguando si las direcciones de los usuarios eran las correctas. Mientras cursaba la escuela secundaria, trabajé como cajera en una de las tiendas de Kmart. Mi trabajo más reciente ha sido como vicepresidenta para una compañía incluida en la lista Fortune 500.

Por numerosas razones, el rumbo que tomó mi carrera no fue el que yo, ni otros que observaban el curso de mi vida, esperaban. Llegué a los Estados Unidos desde otro país cuándo era niña. El inglés no era mi primer idioma. Nosotros—mi familia y yo—no teníamos ningún contacto, dinero, ni siquiera casa propia. De hecho, no hace mucho tiempo, una vieja amiga me llamó para contarme que se había encontrado con alguien que había sido colega nuestra cuando yo tenía veintidós años. Mi amiga compartió mis logros con esta persona, y todos los lugares en los que yo había vivido desde ese entonces, y su respuesta fue: "O, nunca pensé que llegaría a ser tan exitosa."

Yo soy prueba viviente de que una carrera exitosa no es sólo para los que tienen suerte o están bien conectados o para los que reciben fuerzas positivas con respecto a sus metas en la vida. Proviene de tener un enfoque, determinación y, para mí lo más importante, la relación que uno tiene con Dios. Todo fluye a través de esa relación, e incluyen especialmente las horas que toman la mayor parte de nuestro tiempo y a las que llamamos vida laboral.

De esto se trata este libro.

QUÉ SIGNIFICA UNA CARRERA EXITOSA PARA USTED? ¿De qué manera la mide o la medirá? Considere que si usted es como la mayoría de la gente tendrá una vida laboral de cuarenta años o más. ¿De qué depende que usted logre convertir esos años en algo pleno y gratificante?

Quizás en este momento usted es un estudiante tratando de elegir un área de estudio con la esperanza de llegar a tener un buen trabajo o una carrera que le de un salario y estilo de vida adecuada.

O quizás esté comenzando su carrera y está envuelto en todos los desafíos que debe confrontar todos los días posicionándose como principiante.

Quizás usted trabaje en un ámbito de servicio y esté buscando maneras de hacer más dinero o trabajar independientemente.

Quizás esté a mitad de camino en una carrera corporativa y piense que de alguna manera cometió un error, que hubiera sido más feliz haciendo otro tipo de elección años atrás. ¿Debería (o podría) cambiar de rumbo a esta altura del juego?

O quizás usted ya esté bien establecido y sea exitoso, pero aún se cuestiona de manera intangible sobre esta gran esfera que es la vida. O aún hospede esas sospechas que le susurran: "¿Esto es todo lo que hay?"

Yo creo que en cada caso, las respuestas o resultados se van aclarando y se convierten en algo más profundamente satisfactorio a medida que usted cambia su perspectiva y considera si lo que está haciendo es lo que debería estar haciendo y se cuestiona qué es lo que realmente significa fusionar su vida laboral a la relación con Dios. Creo que, como resultado, su definición de lo que es el éxito cambiará también.

Los valores espirituales nacen dentro de sí mismo. Crecen y se refuerzan cuando buscamos satisfacer ese "vacío divino en el corazón...que no puede ser llenado porninguna cosa creada, solo por Dios el Creador." En este momento en el que vivimos, más que nunca, una vida espiritual robusta y guiada es el único elemento del cuál no podemos prescindir.

Hoy en día, estar empleado en los Estados Unidos (o de hecho en cualquier país) no sirve de consuelo. Un trabajo seguro es en su mayor parte algo del pasado. Un trabajo de por vida—se le da empleo, permanece en esa compañía durante años, se retira con una pensión decente—es extremadamente inusual. Rebajas de salarios, subcontratos, reducciones y despidos, seguros médicos y beneficios que desaparecen—todas estas cosas han creado miedos e inseguridades en un mundo en el cuál ya existen demasiadas preocupaciones.

En este ambiente, todos estamos siendo propulsados a empujar hacia adelante. Las estadísticas demuestran que todos trabajamos más horas que nunca, y muy a menudo con menos empleados y recursos. En muchos trabajos, la tecnología, que supuestamente nos iba a facilitar la vida sólo nos ha traído más estrés. Muchos de ustedes recordarán los días en que salían de la oficina y no trabajaban más hasta volver a la mañana siguiente. Hoy, los teléfonos celulares, los radio localizadores, los *faxes* y los aparatos BlackBerry garantizan nuestra disponibilidad a toda hora.

Las compañías ya no sienten una gran lealtad hacia sus empleados, y el sentimiento es mutuo. Hemos visto, muy a menudo, que no se puede confiar en la gente que dirige estas compañías y esperar que ellos actúen con integridad y honestidad. En una economía progresivamente global, esas viejas paredes que nos ayudaban a sentir una sensación de contención en el trabajo se han derrumbado. Quizás en otro continente exista alguien que pueda hacer lo mismo que usted, igual de bien y por menos dinero. Y por supuesto que después de los ataques terroristas del 11 de septiembre de 2001 y del estado de guerra continuo, el mundo quizás se haya convertido permanentemente en un lugar más inseguro.

Esta situación, nos ha llevado a muchos de nosotros a cuestionarnos las opciones: ¿Adónde encuentro seguridad y paz? ¿Si voy a pasar tantas horas trabajando, realmente me encuentro dónde quiero estar? ¿Cuál es mi propósito en la vida? ¿Quién me puede ayudar ahora?

Nuestras vidas espirituales y nuestros valores importan más que nunca. Instintivamente, lo sabemos. En una encuesta reciente, el 70 por ciento de los estadounidenses dijeron que anhelaban experimentar un crecimiento personal a nivel espiritual. Sentimos una necesidad desesperante de mirar hacia adentro y hacia arriba, recabar fuerzas de algo más grande que nosotros mismos. Es ahí dónde reside nuestro único refugio seguro—en algo más grande, sólido e inamovible.

Como individuos, somos responsables de la forma que le damos a nuestros destinos. Nadie puede hacerlo por nosotros. Cada uno tiene su propia llamada, su propósito en la vida. Yo he descubierto que cuando uno trata de alcanzar al Dios que está ahí, escucha su llamada y se embarca en un viaje con Él, el camino de la carrera que usted debe seguir se abre adelante suyo. Puede encontrarse transitando caminos inesperados. O puede cambiar completamente y dirigirse hacia otro lado. O simplemente puede seguir haciendo lo mismo que está haciendo ahora, pero con más seguridad, alegría, balance y una satisfacción más profunda.

Hay otro aspecto en la carrera guiada por el espíritu, y se nota de manera global. Como cultura, nos enriqueceremos si los principios espirituales esbozados en este libro pueden lograr presidir a la mentalidad más lineal que posiciona al éxito económico por encima de todo. Nuestros lugares de trabajo, estén dónde estén, no deben teñirse con avaricia, deshonestidad, falta de lealtad o un comportamiento despiadado. Esta mentalidad no puede ser la única que lleve adelante el mundo laboral. Todos necesitamos ganarnos la vida, mantener a nuestras familias, y proveerlos con una calidad de vida básica. Yo creo que los valores esbozados en este libro, junto a una relación con Dios, pueden llevar a cualquiera al éxito, aún cuando inicialmente les sea difícil adherirse a ellos. Finalmente, cosecharán lo que sembraron.

A̶ÑOS ATRÁS, YO VIVÍA CONVENCIDA de que estaba programada de esa manera—en otras palabras, que poseía características, rasgos de personalidad, gustos y aversiones, preferencias y habilidades—por razones que tenían que ver con mi llamada y propósito en relación a mi paso por esta tierra. Yo creo que cada uno de nosotros está programado de forma única, gracias a un Dios que es bueno, que nos llama, que nos da lo que necesitamos para cumplir con ese llamado y que nos asiste para que podamos llegar ahí. Esta convicción me suministró un deseo muy fuerte de no malgastar los dones que poseo o el tiempo que me ha sido otorgado para desarrollarlos y usarlos. Por supuesto, éste es el viaje de toda una vida. A través del tiempo, descubrí que pararme sobre mis dos pies y hacerme cargo de este propósito requería de muchos elementos que incluían la fe, la devoción, la humildad, la integridad, el perdón, la administración y la comprensión de lo que significa dejar atrás un legado.

Éstos son los temas que trato en las secciones de mi libro.

Las palabras que he usado como títulos de los capítulos

en este libro pueden llegar a sonar sublimes, abstractas o quizás hasta sin sentido fuera de un contexto religioso. Pero como usted verá, vivir los valores que imperan en estas palabras basadas en la fe ocurren de maneras concretas, con ambos pies sobre la tierra. Están relacionados a como usted escucha, a como y cuándo pide ayuda, a saber esperar el reconocimiento adecuado de sus talentos y compromisos, a tomar un camino difícil sin importarle el resultado final ya que lo ve conveniente, así nadie se dé cuenta excepto usted. A través de mi carrera, he luchado con elecciones difíciles y problemas arduos. Más de una docena de veces, he ido detrás de oportunidades laborales que me han requerido mudarme a una nueva ciudad en la cuál no conocía a nadie. Más de una vez, he tenido que aguantarme comportamientos de parte de jefes y colegas que me excluían. He debido tomar decisiones difíciles sobre cuándo y por qué sentía que era hora de marcharme. Y en varias ocasiones he debido confrontarme con tener que tomar posiciones en algunos hechos sólo porque pensaba que eran correctos, ignorando si serían populares o no.

Los principios sobre los cuáles hablo en este libro me sacaron a flote y me sirvieron mucho. Éstos son los principios que comienzan con una relación con Dios y sustentan una carrera guiada por el Espíritu. Estos principios deben hallar su lugar para así poder recibir la guía de Dios, ya que no se desarrollan de la noche a la mañana. Casi siempre, hay consecuencias inevitables que ocurren al confrontarnos con quiénes debemos ser. A menudo el fracaso precede al éxito. El éxito tiene sus obligaciones. Y los obstáculos se presentan de diversas formas—nuestras propias dudas, las palabras y actitudes de otra gente, tradiciones familiares y mucho más.

Como verán al leer los siguientes capítulos, las experiencias laborales que yo he tenido y las lecciones que he aprendido de ellas se han dado a través de mis trabajos en corporaciones y organizaciones sin fines de lucro. Durante muchos años, he estado en puestos como gerente, supervisora de empleados y envuelta en decisiones de planeamiento significativas. Es ahí donde me ha llevado mi talento y la manera en que estoy programada y estos principios se han manifestado en ese contexto. Pero son igualmente válidos, críticos—y aparentes—dondequiera que su vida laboral transcurra.

Para este libro, he hablado con muchas personas y les he pedido que me cuenten sus historias. Entre ellos hubo hombres y mujeres, algunos jóvenes y otros mayores, que trabajaron en distintos ámbitos. Sus experiencias iluminan los desafíos del esfuerzo que hay que hacer para lograr carreras exitosas a través de valores espirituales. Sus historias demuestran que estos principios toman vida y mantienen su poder cuándo se los vive, cuándo son transferidos desde su cabeza a su corazón y luego a sus acciones.

*M*E ENTUSIASMA QUE HAYAN ELEGIDO leer este libro y me acompañen en un viaje que contempla las luchas más comunes con las que la gente se confronta en las distintas etapas de sus vidas laborales— manteniéndose fieles a sus creencias, ante la adversidad o prejuicios, sobreponiéndose a los obstáculos, poniendo toda su energía y atención en lo que hacen. A través de mis propias experiencias, sé que cuándo estas dificultades y dudas se confrontan de manera espiritual, basadas en la relación que se tiene con Dios, cada una de ellas puede llevarnos al éxito, al crecimiento y a un entendimiento más claro de uno mismo, del propósito y del Dios que nos llama a una relación con Él.

# PRIMERA PARTE

# Renacer

# Llamada a la Jornada

SOY UNA PERSONA COMÚN Y CORRIENTE. No hay nada particularmente especial en mí si se me compara a un montón de otra gente. Si me fueran conociendo a través del tiempo quizás podrían detectar algunas idiosincrasias.

Por ejemplo, odio hablar por teléfono y no me gusta mirar televisión. No podría decirles quién es el cantante pop de estos días ni nombrar una de las diez canciones más conocidas del momento. Leer es uno de mis mayores placeres. En términos de estilo, mi ropa, que debe durar eternamente porque no me gusta ir de compras, es mayormente de todo tipo de matices de negro. Empecé a comprar todo exclusivamente negro durante los años que transcurrí viajando a causa de mi trabajo, cuando el día comenzaba con una reunión para desayunar y terminaba en una recepción a la noche. Aprendí a usar vestimentas que parecían profesionales tanto a la mañana temprano como más entrada la noche. Pero la verdad es que he amado el color negro desde niña. Una vez leí que el negro se define como la presencia de todo color, y sobre esa base, me he considerado siempre muy colorida.

No sé cocinar, pero me encanta agasajar. Mis amigos me llaman la Martha Stewart latina. He desarrollado un repertorio de deliciosos aperitivos vegetarianos que me gusta servir, arreglados en graciosas vajillas, con pequeñas tarjetitas impresas al lado de los platos, así la gente sabe que está comiendo. Disfruto del arte de exhibir.

De hecho, en mi próxima carrera, quizás elija ser decoradora de interiores. Me resulta profundamente satisfactorio mezclar telas y colores y crear composiciones que se manifiesten de maneras pacíficas, cálidas y únicas. Nuevamente, me gusta el arte de exhibir. Pienso que nuestros hogares deberían reflejar lo que somos. Me es importante tener fotos personales dentro de mi casa que cuenten historias sobre lugares en los que he estado, sobre mi familia y amigos.

Así que nuevamente, son sólo unas pocas idiosincrasias, pero nada en especial. Soy una persona común y corriente que vive una vida normal.

Sin embargo, una noche, hace años, tuve una experiencia extraordinaria que cambió mi vida y consecuentemente me convirtió en quién soy hoy en día, impulsándome a emprender un viaje espiritual que forjó mis decisiones desde una temprana edad. Esta experiencia me trajo a un lugar desde el cuál pude llegar a sustentar la veracidad de ciertas cosas:

- Creo en el destino.

- Creo que cada uno de nosotros posee un camino que apunta a ese destino.

- Creo en Dios, en Dios el Señor. Ni Alá, ni un poder universal, ni una energía, pero en el Dios viviente que se transformó en hombre a través de Jesucristo.

- Creo que estoy aquí con un propósito, no por azar o por decisión de mis padres.

- Creo que los eventos en mi vida suceden por alguna razón, no por accidente.

- Creo que tenemos libre albedrío, y cuando le cedemos ese libre albedrío al plan y propósito que Dios tiene para nosotros, tanto en la vida como en los negocios, hallamos un viaje lleno de plenitud y regocijo, guiado exclusivamente por esos patrones.

Quiero contarles sobre aquella noche—lo que me condujo a ella y adónde me llevó.

*Y*O ERA UNA CHICA DE DIECIOCHO AÑOS naci daen Cuba, que vivía con sus hermanos y padres inmigrantes en el sur de Florida. Básicamente era una buena chica—una estudiante avanzada en la escuela, no tomaba alcohol ni drogas ni me involucraba con muchachos. Estaba ocupada haciendo mis trabajos por horas y estudiando. Pero durante el año previo, cuando tenía diecisiete años, había comenzado a sentir que todo era un caos. Personalmente, me sentía en la oscuridad.

Estaba luchando y tratando de decidir que debía estudiar y hacer con mi vida. Además ba lucha con las dinámicas familiares con que se enfrenta todo adolescente, lo cuál tampoco me ayudaba. Yo parecía estar creciendo y cambiando demasiado rápido, a un paso en el que mis padres no podían seguirme o mantenerse a la par, y por supuesto esto causaba conflictos. Generalmente, los conflictos se centraban alrededor de hechos típicos y no sorpresivos. Yo era la hija mayor y, por lo tanto, la que abría camino en nuevas áreas—programando mis propios horarios, adquiriendo mi propio automóvil y más. Pero muchas de mis luchas internas tenían que ver con lo que debía venerar y cómo. Las viejas reglas, muchas de ellas aprendidas a través de nuestra iglesia tradicional, ya no tenían demasiado sentido para mí ni me servían más. Recuerdo mi asombro al preguntarme: *¿Qué está ocurriendo? ¿Hacia dónde se dirige todo esto?* Mi malestar era terrible, nublaba mis pensamientos y consumía mis días. Supongo que mi plegaria silenciosa y aún sin forma decía: *¿Dios, adónde estás? Necesito respuestas y necesito ayuda.*

La noche particular que describo ocurrió un año después, cuando tenía dieciocho años, sentada en mi cuarto. Había terminado de estudiar, todos estaban dormidos y la casa estaba en silencio. Comencé a rezar el Padre Nuestro, lo cual hacía comúnmente. De repente me levanté y pensé: *esto no significa nada para mí, esta oración memorizada y repetitiva que me enseñaron y que casi sin conciencia alguna he rezado mi vida entera.*

Mientras miraba al techo, pensé en intentar algo que creía imposible (al menos en aquel momento), hablarle a Dios directamente. Nunca había probado hacerlo antes. Dije: *Dios, sé que estás ahí. Adentro. Sé que debes estar ahí. Necesito ayuda. Tengo preguntas que no puedo responderme y que nadie parece poder respondérmelas. Quiero que me hables de la misma manera en que le hablaste a Abraham y Moisés. Quiero tener una relación contigo y hablarte directamente. No quiero tener que pasar a través de todos estos pasos y demás para tener una relación contigo. No sé si estoy diciendo algo que no debería decir, pero no puedo rezar más de la misma forma. Estas oraciones ya no significan nada para mí ni tienen conexión alguna con mis circunstancias actuales. Simplemente las repito sin sentido.*

Recuerdo haber dicho esas palabras.

En el medio de esta conversación unilateral, recordé algunas palabras de mi maestra de la Escuela Dominical de mi niñez. Yo la había contactado hacía un año para hablarle sobre mis dudas y preocupaciones con respecto a la religión y mi fe. En aquel momento ella me dijo que era cuestión de entregarse. Me dijo que, de hecho, Dios se había transformado en alguien como yo y había muerto por mí, y que como resultado Él tenía un plan personal y único para mí.

Cuando pensé en los comentarios de mi maestra, me dije: *Dios, si lo que yo necesito hacer para encontrar paz y respuestas a estas preguntas es entregarte mi vida y no tratar de comprenderlo todo por mi cuenta, pues aquí la tienes. Aquí está mi vida. Ven y contrólala. Ven y camina conmigo, háblame, demuéstrame porqué estoy aquí, porqué estoy programada de esta manera. Muéstrame el significado de algunas de las cosas que me superan. Simplemente ven y forma parte de mi vida y yo te seguiré. Tú puedes ver el mañana; yo no. Por lo tanto puedes indicarme que decisión tomar hoy para tener un mejor mañana.*

Luego me fui a dormir.

Me desperté a la mañana siguiente y debo admitir que fue muy extraño. No me había ocurrido nada aparentemente dramático. Ninguna visita mística. Ni siquiera recordaba todo lo que me había pasado la noche anterior, sólo el haberme dormido bastante exhausta y consumida. Cuándo me desperté la situación era la misma. Era sábado. Mi madre esperaba que mi hermana y yo nos levantáramos para ayudarle a limpiar la casa, como todos los fines de semana.

Pero yo sentía algo abrumador, casi como una presencia en el centro de mi pecho, algo decididamente diferente. Mi visión había sido alterada la noche anterior por mi plegaria, a pesar de que aún no sabía de qué se trataba. Sentía como si alguien hubiese dejado caer información dentro de mi cerebro, información que aún necesitaba clasificar.

Mis circunstancias no habían cambiado. Sin embargo, yo sabía que había sufrido un cambio profundo.

## Primeros Pasos de un Viaje Transformador

Esperamos que Dios arregle nuestras circunstancias, que las haga diferentes. Que la persona que nos causa problemas se transforme en benigna. Que la escuela, el trabajo, la casa que no nos place sea reemplazada por algo mejor y más luminoso. Rápidamente, aprendí que estos cambios, generalmente, no forman parte del renacer. De hecho, en lo que Dios está interesado es en saber que hay ahí bloqueando nuestros corazones e impidiéndonos ser eficientes en estas situaciones. Muchas veces sucede que la gente se pierde la experiencia de Dios porque espera que Él se manifieste de cierta manera y logre los resultados que ellos desean obtener. Pero Dios es Dios. Él llega en Sus términos. Esto no significa que finalmente Él no cambiará las circunstancias. Pero mientras nosotros apuntamos al juego final, Él observa el viaje que nos traslada hasta ahí, porque la transformación ocurre durante ese viaje.

Para mí, el primer paso, a los dieciocho años, fue comprender que no podía volver a la iglesia de mi familia. Fue tan significativo lo que sucedió dentro de mí, que me hizo tomar conciencia de que nuestra iglesia ya no era el lugar para mí. Y créanme, dada la manera en que fui criada, esta conclusión no era simplemente un paso lógico o inevitable. Pero a pesar de no tener pruebas sustanciales, mi conciencia me dictó que ya no podía venerar aquello de la misma manera en que lo había hecho en el pasado. Simplemente comprendí que Dios me había visitado personalmente, y la evidencia yacía en la paz y felicidad que sentía, lo cual sobrepasaba cualquier explicación racional.

Los detalles eran aún nebulosos. Mientras proseguía mi rutina de los sábados, pensé: *¿Qué hago ahora? ¿Adónde voy? ¿Qué significa todo esto?*

Terminé llamándo nuevamente a la maestra de la Escuela Dominical de mi niñez, con quién no había hablado desde hacía un año, pero cuyos consejos habían iniciado una gran parte de todo este cambio. Le conté que me había ocurrido algo descabellado, y compartí mi experiencia con ella. Me escuchó atentamente; cuando terminé, me invitó a visitar la iglesia con ella el próximo domingo. Para mi sorpresa, me contó que ahora asistía a una iglesia no sectaria, y agregó: "¿Sabes qué? Decididamente, vas a tener que sentirte cómoda en el entorno en que Dios decida colocarte. Y eso significa que tendrás que probar diferentes sitios, y escuchar Su voz, que te indicará adónde ir."

Luego, comencé a hacer eso. Desde entonces, en cada ciudad y lugar que he vivido, siempre he encontrado mi lugar, a veces a través de pruebas y errores, pero siempre rezando. He encontrado mi iglesia, mi casa espiritual y mi comunidad.

## Escuchar Su Voz

Ahora, permítanme recordarles algo sobre la historia que me llevó a tener mi primera y real conversación con Dios.

Tener dieciocho años sugiere un montón. Esa es una fase de gran transición para la mayoría de los jóvenes; después de todo, llegar al final de los años del colegio secundario, tomar decisiones sobre universidades o trabajos nuevos, irse separando de la familia más y más y establecer la independencia como adulto casi o totalmente desarrollado no es fácil.

Yo he pasado por todo eso. Sin embargo, no resalto el hecho de que yo era adolescente cuando fui llamada a mi relación con Dios. O sea, no explicaría o describiría esta extraordinaria experiencia en términos de angustia adolescente. Nunca he marcado pasajes en los segmentos de edad. Aún hoy no soy alguien que siente angustia al pensar que estoy cumpliendo treinta o cuarenta años. La edad nunca me ha afectado demasiado. Mi padre siempre decía que uno es tan viejo como se piensa que uno es, y la vida que uno vive en ese momento tiene que ver con cómo se siente por dentro. Siempre he concordado con su opinión.

Pero mi profunda y personal experiencia con Dios en aquellos tiempos, la experiencia que realmente se convirtió en el lente a través del cuál comencé a ver todo lo demás, no ocurrió de la nada. Fue un proceso acumulativo que creo que comenzó con el deseo de realmente saber quién era Dios por mí misma y no a través de filtros e interpretaciones de otra gente.

Yo vengo de una familia latina tradicional. La vida en mi casa era bastante estricta y regimentada. Fuimos criados con el entendimiento de que, por ejemplo, una chica no denomina a un joven su novio livianamente.

No salíamos solas con muchachos, pero en cambio se nos permitían noches con grupos de amigos o alguno de nuestros padres. Ellos nos supervisaban un montón. Era parte de nuestra cultura. Ese era el pacto.

Desde que tengo uso de razón, Dios siempre jugó un rol central en nuestras vidas. Como resultado, adoptamos el estar agradecidos y la necesidad de venerar. Desde que yo era niña, mi madre siempre me enseñó lo siguiente: "Ana, apenas te despiertes a la mañana, antes de que tus pies toquen el suelo, agradécele a Dios por este nuevo día. Tu primer pensamiento, apenas tomes conciencia, debe estar dirigido a Dios con gratitud." Ese fue uno de los grandes regalos que ella me hizo, y aún hoy sigo su consejo. Y les digo que cuando un día comienza demasiado rápido, cuando mi mente está sobrecargada con pensamientos de todo lo que debo hacer y no le he agradecido a Dios antes de que mis pies toquen el suelo, y sólo lo recuerdo cuando estoy lavándome los dientes, siento un temblor dentro de mí. Un sentimiento: *ay no, ¿cómo puedo haber llegado hasta aquí, hasta el lavatorio a lavarme los dientes y aún no haber dicho gracias por un nuevo día?*

Y luego estaba la iglesia. La iglesia era el centro de nuestra vida familiar, y esa era otra parte del pacto. Irás a la iglesia el domingo, sin preguntar nada. Tomarás los sacramentos, sin preguntas. La confirmación, la comunión, todo eso era dado por hecho. Y la familia venía en primer lugar, aunque fuera por encima de Dios, algo que a ese nivel yo ya no sostengo como verdad hoy en día, pero así era.

Yo había seguido las reglas. Había dado clases en la Escuela Dominical cuando era una joven adolescente. Y ahí comencé a cuestionarme. No podía comprender porqué Dios le hablaba a toda esa gente en la Biblia, pero no nos hablaba ya más a nosotros. Ésta era la historia de la doctrina escrita que conocíamos: Dios no le habla a la gente directamente; habla a través de personas que tienen autoridad espiritual. Progresivamente, comencé a pensar: *pues, ¿de qué se trata todo esto?* Tampoco comprendía todas las prácticas doctrinales.

Creo que muchas personas se hacen este tipo de preguntas y buscan respuestas a través de otra gente, y no individualmente con Dios. Mi formación religiosa también consistía en dejar que otros me indicaran, posicionaran y le dieran forma a Dios por mí. Progresivamente, esto dejó de interesarme. Comencé a mencionarles a eclesiásticos y otra gente con autoridad en mi iglesia las preguntas que hurgaban mi mente, y ellos tampoco tenían respuestas—o por lo menos no tenían las respuestas que yo buscaba. Sus respuestas eran las mismas de siempre: "Dios trabaja de formas misteriosas" y "¿Quién puede conocer los pensamientos de Dios?" y "Eso es lo que nos enseña nuestra doctrina." Esto ya no era suficiente para mí y yo presentía que había más.

Pero, sorpresivamente, mi profesora de la Escuela Dominical, una mujer a quién conocía desde que tenía alrededor de seis años, comenzó a compartir algo muy diferente conmigo. Ella me dijo: "Bien, Ana, algunas de las preguntas que tienes son las que el Espíritu Santo está impulsando en ti. Él quiere que comiences un viaje que te lleve a buscarlo y encontrarlo. Tiene que ver con entregar tu vida y aceptar lo que Cristo debe significar en ella."

Yo tenía diecisiete años. Para mí todo esto de alguna manera carecía de sentido. Pero tuve un par de charlas más con ella. Su visión y sugerencias deben haberse hospedado en algún lugar de mi mente, ya que un año después, tuve esa conversación con Dios que me cambió para siempre.

## Él Llega Cuándo Uno Está Listo
## para Escucharlo

Mirando hacia atrás, yo creo que mi profesora de la Escuela Dominical tenía razón. Dios debe haber estado impulsándome, empujándome hacia adelante, a través de las preguntas e insatisfacciones con las que yo luchaba.

Para mucha gente, alcanzar una relación con Dios puede ocurrirles mas adelante, un aspecto de la famosa crisis de la mediana edad: *he salido al mundo, he tenido una carrera, he ganado dinero, he comprado mi casa*

*de vacaciones, ¿y ahora? ¿Hay algo más? ¿Es ésta la mani-*
*festación total de mi única vida?* Es ahí dónde comienza
la búsqueda de un sentido más profundo y quizás, al final de esta búsqueda, encontremos paz y la sensación
de haber hallado un propósito. Pero quizás no suceda.
Al contrario, una adolescente que entra en años en los
que mamá y papá ya no pueden dictaminar sus idas y
venidas o imponerle sus creencias, puede comenzar a
cuestionarse esos dictados, y frecuentemente el resultado es el rechazo del paquete entero: *mis padres me*
*han hecho ir a la iglesia todos estos años, y durante todo*
*este tiempo la iglesia me ha dicho en qué debo que creer y*
*cómo debo pensar, ¿y saben qué? He decidido que es una*
*tontería.* Puede ser que le dé la espalda a todo lo que
tenga que ver con la religión y la vida espiritual.

A través de todas las experiencias que tuve durante
años, sé que mucha gente desea profundamente tener
una relación con Dios, pero quizás no de la manera dog-
mática en que se nos enseña para llegar a Él. Dios puede
llamarnos en cualquier momento. A medida que fui
descubriendo la Biblia, encontré mucho en que pensar.
Hubo varios momentos de pensar: *bien, estoy comen-*
*zando a entender. Dios, debes tener algo significativo en*
*mente para mí, significativo no de la manera en que lo defi-*
*nirían los seres humanos, pero en un sentido más amplio.* A
nivel edad, Abraham rondaba los setenta y tantos años.
David fue designado rey de Israel a los trece años,

quince años antes de ocupar ese puesto. En una sección del Nuevo Testamento, Paul le escribe a Timothy, de quién es mentor, indicándole a su joven acólito que no permita que la gente desprecie su edad.

Dios nos hablará a cada uno de nosotros cuando estemos listos y de forma que podamos escucharlo. Estos mensajes tocan nuestras almas y corazones de manera única. Creo que Dios interactúa con la gente todos los días. Depende de nosotros oírlo. Una de las verdades que he aprendido acerca de Dios es que Él es un caballero refinado. Nunca nos atropellará. Pienso que Él se toma aún más seriamente que nosotros el hecho de que nos creó con libre albedrío.

## Lo Más Profundo de la Relación

La gente puede decir que yo tuve una conexión mística con Dios aquella noche. Yo no lo veo así. Quizás en ese tiempo, si me hubieran presionado a buscar una palabra mejor, yo la hubiera denominado "sobrenatural." Hoy sé que conectarse con Dios es algo totalmente espontáneo y, naturalmente, sobrenatural. De ninguna manera es algo raro, loco o fuera de este mundo; nos confiere un sentido común fuera de lo común a nuestras vidas y a las decisiones que tomamos día a día, de una manera práctica.

De hecho, cuanto mas prosigo en este camino, más siento que estoy viviendo aquí y ahora y tratando con otra persona, otro ser humano. Por eso hablo de una *relación*, término al que siento más correcto y conectado a la esencia que *creencia*.

Mi relación con mi marido, la persona más cercana a mí, refleja mucho la relación que yo he construido con Dios. Uniendo mi vida a la de otra persona, yo le he otorgado control, él me ha otorgado control y así comenzamos el proceso de ser uno. Obviamente, hay diferencias. Usted no le dice a su esposo: "Tienes control absoluto sobre mí." Pero si le puede decir—si esta formando un matrimonio Cristiano—"Elijo ser uno contigo. Tomo todo lo tuyo y tú tomas todo lo mío, y ya no somos dos personas disociadas. Aunque tengamos llamadas individuales, esas llamadas están ahora entrelazadas."

Dios no va a venir a decirme que me está llamando a participar en una misión en África mientras mi esposo me dice: "Quizás, pero Dios me está indicando a mí que yo debo participar de la vida corporativa aquí en la ciudad de Nueva York." Dios no nos hablará de esa manera. Esto significa que cuando nuestras llamadas disientan, uno de nosotros o ambos debemos volver atrás, aclarar con Dios y escuchar Su guía—a través de oraciones, de invocar pensamientos, de hacer preguntas y de explorar opciones.

Usted no ingresa a un matrimonio pensando que lo va a hacer en sus propios términos—no si desea una unión que dure una vida entera. Hay un gran compromiso. Al mismo tiempo, hay acciones y comportamientos que no son discutibles o negociables. ¿Tener una relación extramatrimonial? Eso no es negociable. No es parte del matrimonio. Lo mismo ocurre con Dios: *No habrá otros dioses por encima de mí.* ¿Qué significan "otros dioses?" Cualquier cosa que exija su atención o afecto por encima de Él, incluyendo trabajo o pasatiempos.

Yo no estoy casada sólo en algunos lugares o momentos, y no le consulto a mi marido determinados asuntos de vez en cuando. Yo estoy casada el día entero, vaya donde vaya, aunque la gente que conozca esté enterada o no. Yo debato todas las decisiones que afectan mi vida con mi marido, ya que he elegido estar con él por amor.

A través de veinte años, mi relación con Dios ha crecido de la misma forma. Él es la primera persona con quién hablo cuándo debo tomar una decisión. Mi confidente. ¿Poseo yo un tiempo dedicado a oraciones y devoción? Sí, lo poseo. Pero más aún que eso, la conversación es constante, permanente, un diálogo de todos los días durante todo el día, realmente no tan diferente del que tengo con cualquier otra persona con quien estoy profundamente conectada como ocurre con mi esposo.

Llegué a la conclusión de que tener el tipo de relación que Dios desea tener conmigo, o con cualquiera de nosotros, equivale a estar casada de una manera espiritual. Comprender esto borró en mí cualquier noción de que Él pone las reglas y regulaciones y que si yo las quiebro, Él se enojará conmigo. No, su preocupación se origina desde un lugar de amor. A medida que fui experimentando su amor, me di cuenta lo piadoso y lleno de gracia que Él había sido conmigo. Hay un himno que cantamos en la iglesia llamada: "La Gracia, el Favor Inmérito de Dios." No hay nada que usted haga para ganárselo, pues proviene del amor. Dios dice: *te estoy dando esto, porque sí.*

Cuando empezamos a observar la conexión a través de la relación y a un nivel menos religioso o dogmático, descubrimos a Dios por lo que realmente es, y no como lo conocíamos en nuestras doctrinas.

### Derrumbando las Paredes

Nunca hablo de la iglesia con mis amigos o relaciones, a menos que alguien me pregunte específicamente a que iglesia voy. No se trata de eso.

Me topo con muchas personas que se denominan cristianos, y a medida que los voy conociendo, y observo como se comportan en situaciones de negocios y demás, entiendo la diferencia entre clasificarse como cristiano y tener una relación verdadera con Dios. Para muchos, la identidad religiosa viene con la tradición de familia: mi madre era luterana, mis abuelos eran luteranos, yo soy luterana. Mi padre era un predicador pentecostal; yo no predico—soy una ejecutiva de ventas al por menor—pero voy a la Iglesia Pentecostal. La verdadera pregunta es ésta: ¿Pertenecer a alguna tradición religiosa o concurrir a alguna iglesia en particular nos lleva a una relación con Dios? Las preguntas que prosiguen son las siguientes: ¿Esa relación abarca todo? ¿Lo lleva usted a su vida de trabajo, a la oficina, a la manera en que se mueve para ganarse la vida?

Muchos llevan esa relación a todos lados. Yo diría que son muchos más los que no lo hacen. Usted puede leer la Biblia y concurrir a los servicios que brinda la iglesia, pero no significa demasiado si no tiene una relación con Dios y la voluntad de dejarse gobernar por ella—la disposición a comprometerse y entregarse a Su guía para conducir sus asuntos diariamente. No nos gustan las palabras *entrega* y *compromiso*. Pero estas hablan del coraje que implican nuestras convicciones.

Es fácil ser esquemático: *ahí iré el domingo; esto es lo que yo creo los domingos. Y luego está lo que hago el resto de la semana. O quizás: esta soy yo en mi casa, y esta otra soy yo en el trabajo.* Lo que espero aclarar en este libro es que para poder mantener una carrera verdaderamente guiada por el Espíritu, deben derrumbar las paredes de esos compartimientos. No se puede tener una mentalidad y naturaleza aquí y otra allá. La Biblia denomina a esto tener dos caras. Yo no puedo proclamar creer en Dios, pero borrar de mi vida lo que construí cuándo me resulte más fácil o conveniente de acuerdo a la situación.

Yo creo que una relación buena y verdadera con Dios puede dictarme cómo vivir una vida meritoria y verdadera y esa vida puede ocurrir en cualquier lado—área, espacio, edificio de oficinas o lugar de trabajo. Que yo me sienta una con Dios no significa necesariamente que deba convertirme en una misionera apostólica. La misión está dondequiera que yo vaya. Claramente, cierta gente es llamada a trabajar por su fe, a convertirse en misionero o, de manera similar, a ligarse a actividades con intenciones espirituales. Pero para servir a Dios esto no es necesario. Fíjense en la Biblia y verán que muchos de estos individuos fueron llamados para ser líderes de gobierno, gente de negocios, comerciantes, jueces. Sólo después de un tiempo estos pocos seleccionados fueron llamados a convertirse en discípulos y misioneros. Dios no se recluyó; se convirtió en hombre y en uno de nosotros a través de la persona que fue Cristo. Se despojó de todo lo divino, se metió en uno de nuestros caparazones y residió entre nosotros.

Quizás usted no se sienta enteramente cómodo con

esta "plática sobre Dios." Inclusive, quizás llegue a decir que no cree en Dios. Pero considere lo siguiente: usted tiene un profundo instinto de lo que considera correcto e incorrecto, bueno y malo. Si tiene una conversación con un colega o amigo difícil e incómoda, pero siente que es necesaria y correcto el llevarla a cabo, se siente aliviado y de alguna manera también elevado. Si usted actúa mal, si hace algo deshonesto o con intenciones maliciosas, hay como una corriente oculta dentro suyo que lo perturba. Quizás se esfuerce por justificar su comportamiento ante usted mismo.

A esto lo puede denominar conciencia, carácter, fuerza de voluntad o un sentido moral bien desarrollado. Para mí significa el instinto que nos lleva a Dios; el vacío divino que reside en su corazón y clama por la relación con Él. Hay algo inherente dentro de su alma que sabe que hay un Dios.

Esa relación, ese instinto, nos impulsan a responder a todo lo que nos ocurre en nuestras vidas laborales y define todos los principios de los cuáles hablo en los siguientes capítulos: confrontar obstáculos o incertidumbres con fe y coraje, comportarse con integridad, demostrar una humildad adecuada, perdonar á aquellos que deben ser perdonados, tener un sentido de administración y servicio y dejar un legado que valga la pena.

## Cómo Crear la Conexión

Examinemos nuestra misión de todos los días, la realidad básica, el levantarse a la mañana e ir a trabajar. Quizás, en el contexto de este capítulo, podría denominarlo algo así como una transferencia de lo sagrado a lo profano. Los siguientes libretos se tratan de mis propias experiencias y las de otra gente que ha compartido sus historias conmigo en este libro. A continuación, en los próximos capítulos, hablaré de algunas de estas historias.

Por ahora, algunas fotos arbitrarias.

Al principio de mi carrera, a menudo me pedían que tomara a mi cargo tareas que involucraban contactarse con clientes e intereses latinos. Tenía sentido, ya que hablo español y poseía un conocimiento muy útil sobre la comunidad. A la vez, estas tareas se me agregaban a los requerimientos diarios que ya tenía en mi trabajo y mi enfoque. El resultado eran días de trabajo de quince horas y muchas frustraciones.

Sally, una empleada administrativa y madre soltera de veintitantos años, se hallaba viviendo "una existencia muy precaria," según contaba. Hubo un mes en que se confrontó con un gasto impredecible y crítico y le pidió a su compañera de oficina un pequeño préstamo hasta recibir su próximo pago. Su compañera le adelantó el dinero, cobrándole interés y haciéndole firmar a Sally un pagaré. Sally quedó desconcertada y no podía imaginarse como proseguiría la amistad con su compañera.

Como supervisor en el departamento publicitario de una compañía farmacéutica, Max dirigía a tres empleados. Él cayó en cuenta que uno de ellos lo sobrepasaba, pues se dirigía directamente al jefe de Max con reportes sobre el progreso de su trabajo que pedían las observaciones de dicho jefe. La inclinación de Max era despedir a este joven, aunque en muchos sentidos era un buen trabajador.

Denominándose ella misma como una persona privada que odia la política de las oficinas, Sheila tenía una profunda aversión a las charlitas sociales, como ella las llamaba, que parecía ser parte de su trabajo. Su compañía orquestaba un número de eventos que incluían una combinación de asuntos de negocios y sociales; se esperaba que ella apareciese y se la viese circulando. Sheila se sentía falsa, conversando con gente que no le interesaba.

A Cara se le pidió que diera una charla antes de la reunión de marketing—la sesión de comité de expertos de su revista que tomaba lugar anualmente. Ella nunca había hecho algo semejante en su vida y se sentía insegura de como presentar el desempeño de rendimiento y futuros planes para su departamento, dado que recientemente un nuevo jefe de redacción se había sumado a la revista. Durante dos semanas, Cara intentó reunirse con la nueva editora, pero la mujer nunca le respondió su pedido. Cara comenzó a sentir una extraña sensación, como que le estaban tendiendo una trampa para que fracasara.

Joe trabajaba para una corporación que mantenía horarios flexibles y una conexión para trabajar desde su casa, ofreciéndoles ostensiblemente a valiosos empleados la oportunidad de manejar por sí mismos ciertas áreas de sus trabajos. Joe aprovechó esta oportunidad durante un período de seis meses, trabajando desde su casa dos días por semana. En la revisión de fin de año lo pasaron por alto, él esperaba un bono de gratificación, y se preguntó si la razón por la cuál lo habían dejado de lado sería porque había estado fuera de la oficina a menudo.

¿Se halla esto tan lejos de las ideas que les mencioné antes, la conversación con Dios y la búsqueda de Su guía? Pues no lo está. ¿Hay alguna manera guiada por el Espíritu que nos permita pensar o tomar acción en cada una de estos duros fragmentos, dilemas o situaciones tramposas? ¿Pueden establecer la conexión? Yo digo que sí, absolutamente.

La forma de iluminar estos principios es viviéndolos. ¿Qué pasa cuando acontecen momentos difíciles? ¿Cómo hago para pactar con cuestiones de negocios? ¿Por qué he tomado las decisiones que he tomado, y cómo las he tomado? ¿Qué he estado dispuesto a hacer y qué no he estado dispuesto a hacer? ¿Qué es lo que me motiva hacia una dirección u otra?

$\mathcal{A}$ TRAVÉS DE LOS AÑOS, he observado que indudablemente mi vida es un viaje y mi fe y confianza en el propósito que Dios tiene para mí es una fuerza dinámica que me lleva hacia ciertas decisiones y acciones en mi vida diaria. En los próximos capítulos quiero enseñarles como funciona esto. Denomino a estas secciones principios. Pueden denominarse reglas para el viaje o lecciones aprendidas en el camino. Capturan mis experiencias como mujer, como miembro de una minoría étnica y como cristiana—ya que la combinación de estos tres aspectos ha formado la historia de mi vida, y en particular, de mi carrera.

SEGUNDA PARTE

# Los Principios de la Carrera Guiada por el Espíritu

# UNO

# Fe

*La Sustancia de las Cosas Invisibles, la Evidencia de las*
*Cosas Deseadas*

PRIMERO VIENE LA FE. Reside en confiar en Dios y en el propósito que Él tiene para mí, en creer que detrás de cada puerta que se abre, una tras otra, está lo que debe estar. Las puertas se despliegan, una tras otra, y así revelan mi misión en esta vida. Fe significa afirmarse en la convicción de que todas las cosas invisibles son adecuadas y las que deseamos llegarán sólo si son parte del plan hecho para mí.

La fe nos conduce al coraje. A saber confrontar la adversidad. A vencer obstáculos, desde afuera y desde adentro. Y a recibir las oportunidades con convicción y vigor.

Creo que en el mundo laboral, los desafíos de la fe se ponen en juego de uno de estos dos modos. Entran a nuestro universo cuando llega el momento de hacer un cambio. Este puede ser un cambio inevitable impuesto desde el mundo externo, o una convicción silenciosa que crece dentro de nosotros haciéndonos sentir que podemos encontrar otra vida laboral mejor y más verdadera. ¿Doy el paso correspondiente, cambio de trabajo y pruebo al azar algo completamente nuevo, aunque no sepa exactamente hacia dónde me dirigo? ¿Puedo confiar en la voz interna que me está diciendo que éste es mi propósito? Y para otra gente, también puede ser a la inversa. ¿Me quedo enganchado en lo que estoy haciendo sólo porque me parece que es lo correcto? ¿Aunque me maltraten y me provoquen y este rodeado de gente negativa?

El camino que yo seguí con mi carrera fue el animarme a avanzar basándome en la fe, con una confianza absoluta pero sin suficiente información. Cada puerta que se me abría no me parecía totalmente lógica o predecible. Algunas me llevaron a lugares raros, nuevos y nada cómodos. Había momentos en que no tenía idea de como llegaría a realizar lo que se me había empleado para hacer.

La fe es lo que me impulsaba a seguir adelante.

La siguiente es una de mis maneras favoritas de explicar la esencia de la fe: Usted sabe lo que sabe que sabe. Eligiendo tomar estos tres pasos, yo sabía lo que sabía que sabía. Esta seguridad tiene dos raíces. Por encima de todo estaba mi entrega a la voluntad de Dios, el renacer que describí en la primera parte. Él me estaba guiando, y yo lo sabía. Y luego estaba el ejemplo que mis padres me habían dado. Mis primeras lecciones sobre la acción impulsada por la fe vinieron de mis padres. Esas lecciones aún resuenan dentro de mí.

Quiero compartir fragmentos de la historia de mis padres, y de la mía cómo niña y joven adulta, con ustedes. Los detalles de nuestras historias muestran el mapa de un camino basado en la fe.

## Desplazándose de lo Conocido Hacia lo Desconocido

En 1967, abordamos un avión que se convertiría en uno de los últimos vuelos libres desde La Habana, Cuba, hasta Miami. Yo tenía dos años.

Lo que recuerdo mas nítidamente de los dos años que viví en Cuba era el miedo que se sentía en el aire. Hasta los niños más pequeños perciben las emociones, aunque no comprendan del todo lo que está pasando, y yo sabía que algo estaba muy, pero muy, mal. Mi cara en los viejos retratos es solemne y seria. No es una cara sonriente y feliz, no es la cara de una niña pequeña.

Recuerdo, en particular, el aeropuerto el día en que partimos. Recuerdo que mientras me inspeccionaron, veía armas y hombres vestidos con uniformes militares. En el avión, la gente lloraba. El viaje de Cuba a Florida es de solo 90 millas, o sea que nuestro viaje duró 45 minutos, o quizás fue un poco mas largo ya que en esa época se usaban motores más viejos. Pero lo recuerdo como un viaje eterno—horrible, tenso, triste, especialmente por toda la gente que lloraba. Algo de esta breve experiencia quedó impresa en mi mente, y esa impresión es aún muy real hoy en día. Mucho después, comprendí que esas personas sabían que se iban para no volver. Estaban dejando su casa para siempre.

Nuestro pequeño grupo consistía en mis padres, mi hermana de cuatro semanas, mi abuela de setenta y tantos años (la madre de mi madre) y yo. Llevábamos sólo cuatro maletas pequeñas. Las maletas habían sido inspeccionadas en el aeropuerto. Nos habían quitado cualquier objeto considerado de valor y digno de ser guardado. Mi padre tenía un reloj Patek Philippe; se lo quitaron de su muñeca. También se quedaban con los anillos de boda. Increíblemente, mi madre pudo pasar a hurtadillas un par de aritos de diamante, como para una niña. En nuestra cultura, los bebés reciben un regalo especial cuándo nacen, algo que puedan llevar con ellos durante toda la vida. Esos aritos fueron el regalo que recibí al nacer y se los he pasado ahora a mi hija.

Así fue como partimos, en un jet de PanAm, con asilo político concedido, literalmente con nada más que lo que llevábamos puesto y cuatro maletas. Después del nuestro, hubo quizás dos vuelos libres más que pudieron salir, y luego Estados Unidos cortó relaciones con Cuba.

Mis padres han pasado más años en Estados Unidos que los que pasaron en su antiguo país. Pero sólo pude apreciar la fe y el coraje del que se armaron para poder seguir adelante, a medida que fui creciendo y aprendiendo.

Imagínese lo siguiente: Golpean a su puerta. Un agente de gobierno entra y anuncia que usted ya no es dueño de nada; el gobierno es ahora el propietario de su casa y de sus efectos personales. Además, a menos que adopte la causa y creencias de ellos, no podrá encontrar trabajo en ningún lado. Usted ahora está en quiebra.

Así fue para nosotros y mucha gente más en el mundo.

En Cuba, mi padre y su familia poseían tierras y criaban ganado. Mi madre y su familia siempre habían vivido en la ciudad. Mi madre y mi padre se conocieron en una cita a ciegas, se casaron ese mismo año y pidieron asilo político mientras mi madre estaba embarazada de mí. Ese proceso de salida se demoró tanto tiempo que mi hermana también nació en Cuba, dos años después. Vivíamos en La Habana, pero las tierras de mi familia y sus ingresos fueron confiscadas poco tiempo después de la revolución.

Años después, cuando yo estaba en la universidad, les pregunté a mis padres como habían tomado la decisión de dejar su país. ¿Qué sentían, qué pensaban, cómo fue? Mi padre me dijo: "Miramos a nuestro alrededor, y nos dimos cuenta que no había futuro allá. No creíamos en lo que el gobierno representaba, sabíamos que todo se volvería cada vez más difícil y teníamos un niño en camino. ¿Era ese el ambiente en el que queríamos ver crecer a nuestro hijo? ¿Qué tipo de vida tendría el niño en ese lugar? Comprendimos que existían ciertos riesgos en solicitar nuestra partida. Lo sabíamos. Pero quedarnos significaba una vida entera."

Aún así, partir, para ellos, fue muy doloroso. Dos de mis tíos nos habían precedido y ya se encontraban en Estados Unidos. El resto de una inmensa tribu quedaría atrás. A corto plazo, no es fácil sostener que lo que uno está haciendo es lo correcto.

Existía una tradición en la familia de mi padre: Todos los domingos la familia se juntaba en la casa de mis abuelos a cenar. Aún mantenemos esta tradición con mis padres. Yo no resido cerca de ellos ahora, pero mi hermano y hermana aún concurren a la cena de los domingos. Antes de salir de Cuba, ellos asistieron a la cena de los domingos como lo hacían usualmente. Mi padre me contó la historia sobre esa noche. Partíamos al día siguiente. El vuelo estaba arreglado; finalmente había llegado el momento. Pero mi padre no les dijo—

no pudo—a sus padres que se iba del país, ya que sabía que simplemente rompería sus corazones. Mientras nos íbamos, mi abuelo le dijo: "Entonces nos vemos la semana que viene." Y mi padre le respondió: "Sí, la semana que viene para cenar."

Nunca más los volvió a ver con vida. Él regresó a Cuba para los funerales de ambos, y creo que esas fueron las únicas ocasiones en que lo vi llorar.

## Comenzar de Nuevo

Así fue como nos encontramos en un país totalmente diferente con una cultura totalmente diferente y comenzamos a reconstruir nuestras vidas.

A fines de 1960, ser latino no estaba tan de moda como quizás lo está hoy. No existía ni Ricky Martin ni Jennifer Lopez, ni Telemundo ni *Sábado Gigante*. Sólo Gloria Estefan cantaba en español.

Miami no era lo que es hoy. Cuándo comenzaron a llegar los cubanos, la ciudad no se hallaba lista para lo que estaba por ocurrirle. No era un lugar que le daba la bienvenida a gente de países Latinoamericanos, era en cambio muy parecido a la quintaesencia del profundo Sur de los años sesenta. Resaltábamos como una especie totalmente diferente, y la gente nos lo hacía sentir de distintas y desagradables maneras.

Nos fuimos a vivir con mi tío, el hermano de mi madre, su esposa y familia. Vivíamos todos amontonados, diez personas compartiendo un apartamento de dos dormitorios. Mi padre encontró trabajo conduciendo camiones para una compañía que empacaba carne. Por las noches lavaba platos en una pizzería que se hallaba en la calle dónde vivíamos.

Nuestras vidas estaban centradas en poder comer, tener un techo y asegurarnos que los niños—mi hermana, (unos años después) mi hermano y yo—pudiéramos ir a la escuela y recibir una educación. Cuando comencé la escuela, apenas sabía inglés, y como máximo habían quizás tres o cuatro estudiantes latinos aparte de mí. Asistíamos a una escuela pública; no nos daba el presupuesto para asistir a una escuela privada o parroquial, como hubieran preferido mis padres. Estábamos adheridos al plan de almuerzo del gobierno y, a menudo, las áreas de los niños que recibían asistencia se hallaban separadas de las demás, en una fila dónde debíamos exhibir nuestras pequeñas tarjetas que nos catalogaban entre los pobres.

Mi abuela vivió con nosotros hasta su muerte. Como yo no había conocido a mis abuelos paternos, sentía que su presencia sumaba copiosamente a la historia familiar. Era una casa mayormente dirigida por los adultos, no los niños. En general eso era típico de aquella época, pero para nosotros existía un elemento cultural también. No nos permitían cerrar las puertas de nuestros cuartos si, por ejemplo, venía algún amigo a pasar la tarde o la noche. Se consideraba que los amigos venían a visitar a todos los que vivían en la casa; lo que fuese que cualquiera quisiese decir podía y debía ser dicho delante de todos nosotros.

Para mí, esto era como crecer en un mundo esquizofrénico—tratar de aprender una nueva cultura, un nuevo lenguaje, y así y todo intentar vivir la moral y las reglas de nuestro país de origen. Hoy estoy agradecida por aquella esquizofrenia, la división entre aceptar viejas actitudes de aquel mundo y adaptarse a nuevas expectativas y eventos de este mundo. Estoy agradecida porque leo, escribo y hablo inglés y español con igual facilidad. Poseo un entendimiento de mi cultura y de dónde vengo que me ayuda a definir hacia dónde voy y me da una perspectiva de vida que no tendría de otra manera. Pero se hace difícil cuando uno es niño y adolescente en esas circunstancias.

Todo esto era duro y confuso para mí, pero indudablemente lo era aún más para mis padres. Lo que ellos recordaban era una vida conservadora en una isla de los años cuarenta y cincuenta Percibían la vida en Estados Unidos a fines de los sesenta y durante los setenta como totalmente extrema, loca y, ocasionalmente, chocante.

A veces yo me preguntaba si anhelaban la vida de la

vieja cuba. y No estoy totalmente segura de la respuesta. Pero parte de su entereza y demostración de la fe que tenían, se manifestaba en la habilidad de poder enfocarse en las circunstancias inmediatas. Esa era la lección que le daban a sus hijos: *Miren directamente a lo que tienen delante suyo; esto no quiere decir que no vean el bosque a través de los árboles, pero en tiempos de crisis o transiciones difíciles, son los árboles los que deben atraer toda su atención. No se dejen sobrepasar por la inmensidad de los obstáculos, no pierdan el tiempo, no se paralicen. Tomen acción.*

Lo que ellos pensaban era: *Bien, estamos en un país nuevo; no estamos empezando una vida aquí abrigando el sueño de volver. Ahora, esta es nuestra casa.* Ellos nos decían: "No vamos a volver a Cuba; debemos aprender a sobrevivir y prosperar en esta cultura."

## Superar al Desaliento, Desde Afuera y Desde Adentro

Cuando yo comencé la universidad a los dieciséis años, mi meta era ser pediatra. Pensé que podría ayudar a la gente, entregarme a los niños. Pero, a los dieciocho años, tuve esa experiencia en la que Dios se me convirtió en algo intensamente real y personal, y me cambió profundamente. Me pregunté: *¿Por qué estoy aquí? ¿Por* *qué estoy programada de esta manera? ¿Cuál es mi propósito?* Y después: *Verdaderamente debo convertirme en doctora?* A medida que iba haciéndome preguntas, me di cuenta que las respuestas que pensé que tenía ya no eran las mismas. Uno de los más importantes desenlaces fue el de decidir abandonar mis planes de convertirme en pediatra y cambiar mi especialización de medicina a ciencias políticas.

No estaba totalmente segura del por qué. Comprendí que esto implicaría un montón de lectura, investigación y una línea de estudios nueva para mí. Igualmente importantes eran los pensamientos que me asediaban: *¿Cómo me ganaré la vida? Francamente, ¿qué es lo que podría hacer con un título de ciencias políticas? ¿Sabrá alguien siquiera de qué se trata exactamente?*

Mis padres, por su lado, se sentían extremadamente escépticos y sin ningún entusiasmo. Un título en ciencias políticas—no así como uno en medicina, por ejemplo—no me llevaría necesariamente a una carrera con la cuál yo pueda ganarme la vida. Y esta no era una decisión pequeña, de parte de ninguno de nosotros. Mis padres no tenían dinero para pagarme una carrera universitaria. Yo sólo conseguí algunas becas parciales. No había demasiadas becas o subsidios en ese entonces para mujeres o minorías, ni siquiera acceso a información sobre lo que estaba disponible. No se podía consultar por Internet y descubrir opciones, si es que existían. Ni siquiera se hablaba sobre la diversidad; los grupos y organizaciones para minorías no eran comunes ni poderosos ni bien fundados, si es que existían como existen hoy en día. Por lo tanto la ayuda económica para alguien como yo era limitada, y la suplantaba con una mezcla de trabajos por horas que iba consiguiendo como podía.

Las clases de ciencias políticas estaban mayormente dominadas por el género masculino, con un alto nivel de competencia, y mi género, unido a mi formación cultural, puso aún más escollos en mi camino. Si yo aún no había aprendido de mis deportes de infancia que ser una niña no era popular en ciertos medios, la universidad ciertamente me lo recordó. Casi no había mujeres estudiantes en mi área. Tampoco había profesoras a las cuáles yo pudiese acudir para que me alentaran y me sirvievan como ejemplo en esta línea de estudio.

Sumado a todo, los mensajes alrededor mío eran poco alentadores. La gente con quién yo hablaba—pastores, amigos y hasta algunos profesores—me sugerían que lo más probable era que yo terminara enseñando y que debía usar mi título de esa forma. O que posiblemente me convirtiera en abogada, que era una carrera popular en ese tiempo. Y convertirme en abogada era algo que definitivamente mi familia entendería más fácilmente.

Nada de esto me resonaba, por razones que aún no comprendía.

Sin embargo, tranquila permanecí calma y segura. ¿Cómo puedo describirlo? Ninguna emoción o ningun pensamiento, más bien una sensación, el saber: *Estoy en el centro de lo que supuestamente debería estar haciendo en este momento. No entiendo adónde voy, pero todo está bien, porque me siento en paz. Este es el camino correcto.*

A través del resto de mis días universitarios, luego en la escuela de posgrado, y aún posteriormente al irme moviendo a lo largo de mi carrera, una y otra vez experimenté la sensación de seguridad y de estar en paz con cada paso que tomaba y cada puerta que se me abría. Como Él ha sido fiel en cada etapa del camino, yo tengo fe en que la presencia de Dios puede guiar a cualquiera que desee buscarlo, a cualquier edad o etapa. Esa es una de las cosas grandes de Dios. Arrodíllese e incline su oído, y Él le hablará, sin importarle lo que usted tenga o no tenga, sin importarle de dónde venga o lo que haya hecho. Todo lo que Él necesita es un corazón voluntarioso y un oído listo para escuchar. Yo estaba dispuesta a acudir a Él con una pregunta de vida que sabía que sólo Él me podía responder, y lo hizo. La respuesta no fue, *Haga esto aquí ya que se está dirigiendo hacia allá.* Simplemente experimenté una voz serena adentro de mí que me hizo sentir segura—*este es el camino, camínalo*—y yo lo seguí.

Las voces que venían de afuera eran otra historia.

Frecuentemente, en la escuela y en la comunidad en la que vivía, esas voces me decían que una latina, sobretodo una mujer, no iría demasiado lejos en lo que se refiere a su carrera. No había esperanzas en ese tiempo para mujeres o minorías. El tomar una ruta audaz y diferente hacia el éxito no era una opción. Yo definitivamente no veía a muchas mujeres latinas en posiciones de mando que me dieran la impresión de que yo pudiese lograr mi meta también. ¿Recuerdan esa amiga de la cuál les hablé en el capítulo anterior que nunca pensó que yo sería exitosa? Ella era una de esas voces.

A pesar de las reservas que tenían sobre mis prospectos, el desconcierto que sentían sobre la elección de mis estudios y hacia dónde podrían llevarme, mis padres me apoyaron mucho emocionalmente, sobretodo mi padre. El me decía: "No escuches lo que te dice la gente. Hablan desde la ignorancia y el miedo. Enfócate en tus estudios. Algún día verás los frutos. No dejes que nadie te convenza de que hay algo que no puedes hacer por ser mujer. No escuches a la gente que piensa así. Perdónalos, y no te conviertas en uno de ellos. Algún día a la gente no le importará si eres hombre, mujer o de otro lado del mundo. Sólo les importará que puedas hacer bien tu trabajo."

Su confianza y convicción fueron muy valiosos para mí; sus palabras aún me suenan verdaderas.

Así y todo, yo tuve que luchar con muchos cambios,

dentro de mi familia y en una dimensión aún más grande que antes. Durante un tiempo, yo me sentí algo así como la oveja negra de la familia. Sin embargo, sabía que era distinta a mi hermano y hermana. Sabía que pensaba diferente a mis padres en muchas cosas. ¿Sería porque yo era la hija mayor? ¿O quizás porque había sido criada con la esquizofrenia de las culturas cubana y americana? El propósito de mi vida parecía conducirme hacia otro mundo. ¿Cuál era exactamente la diferencia? ¿Qué era lo que me impulsaba a mí que no parecía impulsar a mis hermanos y a otros seres que me rodeaban?

Me encontraba a mitad de camino en la universidad, aún viviendo en mi casa, tomando decisiones que nadie comprendía del todo, y que me incluían. Yo ya no quería ser doctora y me hallaba estudiando esta otra cosa que era en su mayor parte un misterio, sin una dirección clara que me condujese a una carrera estable. Yo ya no pertenecía a la iglesia de mi familia y estaba asistiendo activamente a un tipo de iglesia completamente diferente. Hasta mi Dios era diferente. ¡Pasé de sentirme levemente diferente a sentirme totalmente diferente en mi propia casa!

El tira y jala de lo que parecían entidades conflictivas—la confianza de mis padres y sus miedos—todo esto se emparejaría con el tiempo. Aprendí un montón durante esos años sobre la adversidad y cómo sobreponer los obstáculos. Aprendí que a veces la adversidad significa romper el molde y las expectativas familiares. Es quizás lo que se confronta dentro de uno mismo: *¿Puedo hacer esto? ¿Qué es lo que dice la otra gente sobre lo que yo puedo o no puedo hacer, debería yo escucharlos?* Descubrí que una vez que usted está en el camino que siente adecuado, encontrará la adversidad dentro de ese ambiente repetidamente. Pero también descubrí que la adversidad puede llevar al crecimiento, si usted elige darle permiso—un crecimiento que no sólo lo beneficiará a usted sino también a su familia y a los que lo rodean.

No podemos conmovernos y cambiar profundamente sin toparnos con trastornos y disturbios en el camino. Simplemente no sucede así. Es cómo la teoría social de tesis y antitesis, el caos precede al orden.

## Mire la Imagen, Aunque Sea Solo el Difuso Contorno

Al terminar, yo tenía una imagen mental de lo que me veía haciendo en diez años. Conscientemente y de una manera disciplinada pensé: *¿Cuáles son los pasos? Déjenme trabajar al revés. Si quiero estar en un lugar XYZ dentro de diez años, porque eso es lo que siento dentro de mí, ¿cuáles son las experiencias que debo perseguir para poder pararme y caminar en esos zapatos?*

¿Cuál era la visión? Tenía que ver con cierto rol que yo debía cumplir. No tenía que ver con el dinero que haría o el lugar dónde terminaría viviendo. Tenía más que ver con el uso de mis talentos, lo que denomino mi programación. Yo estoy programada como lo estoy por una razón, y así ocurre con cada uno de nosotros. Enfóquense en sus talentos, ese enfoque les permitirá darse cuenta que cada uno de ustedes ha sido creado especialmente para un propósito único.

Lo que yo me visualizaba haciendo dentro de diez años sucedía en un ambiente de negocios, en el cuál yo podía usar mi pasión y talento que creía tener comunicando y formulando mensajes, representando ciertos asuntos e interactuando con gente. Y me visualizaba otros diez años más tarde, dirigiendo una organización sin fines de lucro. *Defensora* no es la palabra exacta, aunque me refiero a algo semejante. La visión era aún nebulosa. Todavía no tenía un trabajo de verdad. Había sido cajera, secretaria, recepcionista, profesora de ejercicio aeróbico, el tipo de cosas que uno hace para pagarse los gastos de sus estudios universitarios.

La cuestión es que mi primer trabajo no ocurrió dentro de la vida corporativa si no dentro del gobierno, en Washington, D.C. Justo antes de que yo me graduara, el presidente de mi universidad me mencionó la posibilidad de una oportunidad en la oficina de un diputado de Florida. Envié una aplicación, fui aceptada y me mudé.

A la edad de veinte años, cuando aún seguía durmiendo en la pequeña cama de mi infancia, empaqué unas cuántas cosas en cajas y las despaché antes de mi llegada. Nunca había estado lejos de casa o fuera de Florida y no conocía ni un alma en Washington. Mi padre estaba nervioso. Mi madre bordeaba la histeria con mi partida tan lejos de casa.

En el trabajo, yo me hallaba posicionada lo más abajo posible y apenas recompensada. Concurrir a las ocasionales recepciones oficiales como representante de nuestra oficina era maravilloso, ya que por lo menos comía algo más que la sopa y galletas con las que me alimentaba en el apartamento que compartía con otras cuatro compañeras. No disfrutaba de las privaciones, pero me fascinaba la aventura. En D.C., raramente tenía contacto con gente latina, mientras que en el sur de Florida, claro está, pasaba la mayor parte del tiempo con mis padres, sus amigos, mi familia, una cultura que conocía. Por lo tanto esto era educativo, observar como se percibía el ser latino cuando había tan pocos de nosotros alrededor.

Sucedió, más o menos, lo siguiente en los próximos quince años:

- Una mudanza de vuelta a Miami, trabajando para el diputado en su oficina ahí, y mi vuelta a la universidad para obtener un posgrado.

- Sala de espera y trabajo legislativo para la unión de la asociación de crédito y comercio, y la asociación de venta al por menor y comercio, ambos trabajos en Florida, los cuáles me condujeron a Tallahassee.

- Un cambio al área corporativa, en la cuál mi responsabilidad consistía en las relaciones de gobierno y asuntos públicos para grandes compañías en el campo farmacéutico, que me llevaron luego a reubicarme en Birmingham, Alabama, y Atlanta, Georgia.

- El rol de directora ejecutiva del Centro Martin Luther King en Atlanta, a lo cuál le siguieron posiciones ejecutivas como vice présidenta, en primera instancia, para una compañía de cemento basada en México y Nueva York y, a continuación, para un hotel y centro de vacaciones internacional con oficinas centrales en Nueva York.

Cada una de ellas fue educativa. Cada una se convirtió en un área en la que fui descubriendo lo que significaba perseguir una visión. A menudo, las lecciones eran difíciles.

Continué aprendiendo la lección de que en la vida todo tiene un precio.

Para tener éxito, tenía que estar dispuesta a ir adónde se hallaran las oportunidades, lo cuál significaba lugares lejanos a mi casa y familia. Yo no he estado permanentemente presente para mis padres durante los momentos malos y buenos, excepto por teléfono. Esa distancia fue causa de mucha soledad para mí, sobretodo al principio de mi carrera. Mucho después, cuando me establecí más exitosamente, se me hizo más fácil plantear mis propios términos y tener la última palabra. Por ende para algún cumpleaños de familia o aniversario, yo ya podía anunciar que me iba a pasar un par de días a casa de mis padres para una celebración, llevaba mi ordenador portátil y trabajaba desde ahí.

Aprendí que la soledad y el aislamiento muy a menudo provenían de ser la primera o única mujer latina que llegaba a ocupar esos puestos de trabajo.

La primeras manifestaciones de que yo era la única mujer, y latina, no se volvieron tan obvias hasta que comencé mis primeros trabajos en la vida corporativa. Aún cuando me fue otorgado mi posgrado en gestión de empresas (MBA, por sus siglas en inglés), y tuve varios puestos claves ya en mi bolsillo, las reuniones de negocios siempre giraban hacia la cultura y el sexo. A menudo me confrontaba con situaciones que desafortunadamente siguen siendo comunes para mujeres de todo tipo de formaciones, aún hoy en día. Yo me convertí en la portavoz no oficial de la organización, la que mediaba por todas las mujeres, y latinas, ya que generalmente era la única que siempre estaba presente.

Muy a menudo, me encontraba explicando que yo era la persona a cargo de un proyecto y no la asistente administrativa. Muchas veces tenía que reportarme y trabajar con ciertas personas que no podían o querían ofrecerle una reciprocidad abierta y honesta a una mujer latina. Yo necesitaba vender mis capacidades y justificar repetidamente por qué yo era la mejor para ese trabajo, aún después de haber sido empleada para hacerlo.

Pero posteriormente, esas experiencias me otorgaron una percepción sobre los obstáculos con los que se encuentran muchos empleados. Cuándo uno ha pasado a través de diversas conversaciones y situaciones en lugares de trabajos pequeños en los cuáles la percepción de quién es uno trunca la realidad de quién es uno verdaderamente—y no de una buena manera—la sensibilidad se afina susceptiblemente.

Yo comprendí que el tiempo de Dios no siempre está sincronizado a nuestro tiempo.

Yo me había visualizado dirigiendo una organización sin fines de lucro a los cuarenta y tantos años, después de un tiempo en el sector de negocios. Me ocurrió mucho antes, cuándo me pidieron que aceptara un puesto en el Centro Martin Luther King. Me sentí algo desconcertada: *Dios, estoy adelantándome a mi plan, y me siento confundida.* Recuerdo que la confusión era el centro de mis oraciones en ese tiempo. Pero a la vez era también un aprendizaje.

Aprendí que cuando uno sigue su llamada, no falla hasta cuando falla. Finalmente, todo ocurre a favor del bien y de poder seguir creciendo.

Hay un término que cabe aquí: *designado*. Cuándo a usted se le designa un cierto empleo, una línea de trabajo, se hallará listo para ejecutarlo. Más aún, va a poder ejercer su rol mejor que otros. Podrá hacer posible cosas que nadie más puede realizar.

Cuando usted es el designado, traerá a la mesa no sólo inteligencia y destreza o X años de experiencia. Traerá también una serie de atributos, una combinación única de lo práctico y espiritual que no existían en ese rol antes de que usted apareciese. Se produce un alineamiento especial de todo lo que se necesita para poder lograr una tarea o meta, algo que puede no volver a ocurrir. Y proviene de existir en el centro de lo que Dios desea para su vida. Yo lo he visto ocurrir en mi propia carrera. He podido lograr ciertas cosas en algunos de mis roles—construir, alinear, reestructurar—que la gente que me precedió no pudo alcanzar. ¿Será porque yo aporté a ese rol más innovación y destreza o porque recé más a través de ciertas situaciones? Fue probablemente una combinación de ambas. Cuándo yo me desplazaba hacia otra posición, la persona que me seguía, a muchos niveles, no llegaba a ser tan exitosa como lo había sido yo, aunque yo consideraba que ellos tenían una inteligencia superior a la mía.

La Biblia nos da ejemplos de gente que intenta muchas cosas sin éxito. Pero cuando la persona elegida aparece, funciona. Pienso que la vida también es así. Eso fortalece mi fe. Eso me sirve como esperanza.

Dios no nos llama para que logremos algo y luego se sienta a observar como fallamos. Una de las verdades que yo he aprendido es que cuando Él nos provee de una visión sobre el camino a seguir, también nos da o se halla procesando el equipamiento para que podamos manejarla. Si usted tiene paciencia, a su debido tiempo encontrará que el resultado final ya ha sido resuelto.

*U*NA GRAN CANTIDAD DE GENTE ha compartido sus historias conmigo, y ahora me toca compartirlas con ustedes. Hablan de cómo sintieron la llamada. De cómo fueron alentados por la fe.

Tom es científico, un hombre muy inteligente y altamente educado con un doctorado en ingeniería química y una larga carrera detrás de sí en una sola compañía. Apenas se graduó, fue empleado por un gran laboratorio internacional de la industria química, y metódicamente ascendió la escalera corporativa. Él describe su camino:

"Yo me mudé de una planta a otra. Comencé en Nueva Jersey, luego [seguí] a West Virginia, Maryland, Illinois,

Pennsylvania y Delaware. Estas eran asignaciones de más o menos seis años cada una. Mientras tanto mi esposa y yo tuvimos dos niños, o sea que hubo mucho traqueteo, compramos una casa, vendimos otra, exploramos distintos distritos escolares, reorganizamos rutinas para viajar al trabajo y otras cosas. Hice esto durante casi treinta años."

Un día, la compañía en la que se hallaba Tom anunció sus planes de combinar la división en la que él se hallaba con otra, y la nueva base operaría desde Texas. Algunas personas de esta división tendrían que mudarse. Otros probablemente serían despedidos. "Esto fue la gota que rebalsó mi copa. Tuve un momento—mejor dicho, una larga noche—de epifanía. Lo llamo el advenimiento de Jesús. Aparte del hecho de que no nos sentíamos entusiasmados por mudarnos nuevamente, yo discutía conmigo mismo, me preguntaba si esto era lo que debía estar haciendo con mi única vida. Siempre tuve pasión por la ciencia. Cuando estaba en el colegio, pensé que me dedicaría puramente a algún tipo de campo de investigación. Pero todo se desarrolló de forma que terminé durante años en ventas y negocios. Me fui quedando por el salario y la equidad."

Esta inestabilidad se convirtió en una bendición. "Probablemente si no me hubiese enfrentado con la posibilidad de quedarme sin trabajo no hubiera tenido esos pensamientos. Hay un dicho: 'Cuándo se cierra una puerta se abre otra.' Me preguntaba de qué se trataba este dicho y de alguna forma me volví a conectar con mis verdaderas pasiones."

Tom y su esposa tenían un pequeño apartamento de tiempo compartido con otros en la isla de St. Croix, y se tomaron cinco días de vacaciones ahí. "En un impulso, me fui manejando una mañana a la ciudad [donde queda] la Universidad de las Islas Vírgenes en St. Croix, y pregunté como llegar hasta el departamento de ciencias. Entré, tuve una charla maravillosa durante un par de horas con el director del departamento y recorrí todo. Ellos necesitaban profesores de química y física, y básicamente me dijeron que me tomarían al instante.

"¡Estaba deslumbrado! El entusiasmo y la sensación de libertad que sentí me superaron. Esto era algo que yo podía hacer. Quizás lo que debía hacer. A mi esposa y a mí nos encantaban las islas, los niños ya eran grandes y podíamos visualizar un futuro en este camino radicalmente diferente."

Él no borró inmediatamente sus huellas. Volvieron a Delaware. Tom siguió de cerca el proceso de reestructuración en su organización tratando de precisar cuál sería el resultado para él. Había cuestiones de dinero para considerar—su pensión, asuntos de seguros y posibles rupturas. "Pero sistemáticamente, de a poco," explica él, "yo comencé a labrarme el camino hacia esta otra ruta. Y no tenía ni siquiera que ser esa universidad, pero quizás otra en algún otro lugar de las islas adónde se me requiriera. Yo sentí que la vida se me iba alineando apropiadamente. La idea de introducir a gente joven a ciertos aspectos de la ciencia me entusiasmaba un montón. Me encontraba haciendo llamadas telefónicas, calculando ciertas cosas, con una enorme sensación de paz. Lo increíble es que yo nunca pensé que tendría ese tipo de coraje. Tuve que ser impulsado antes de ni siquiera pensar en poder dar ese gran salto conectado con la fe."

A OTRO HOMBRE la fe le llegó en relación a algo que mencioné al principio de este capítulo, que es cómo quedarse enganchado a algo. Benny proviene de una familia mexicana compresta de hombres de negocios. "Todos los hombres—mi padre, mis tíos, mi hermano, un par de primos—trabajan en construcción. Ellos construyen centros comerciales. Andan siempre explorando propiedades, haciendo transacciones. Son gente muy ambiciosa, energética, atraídos por el dinero." Por otro lado está Benny, que es un artista que pinta retratos y paisajes. "Yo amo todas las artes creativas—teatro, artes visuales, diseños de telas. Lo que yo más amo es lo que mi familia detesta," dice él, "o simplemente no lo comprenden."

Benny estudió un programa de dos años en un instituto de formación profesional y se graduó, luego se unió a su padre y tío en una de las oficinas inmobiliarias de la familia. Ese era el único plan aceptado por su familia para las nuevas generaciones que iban apareciendo. Él odiaba ese trabajo. "Francamente, a mí no me gustaba nada de ese negocio. De lo único que se hablaba era del negocio. Ellos esperaban que yo trabajase durante las noches, los fines de semana; siempre empujando nuevos contactos, nuevas propiedades, consiguiendo los mejores precios de los proveedores."

Después de cinco años, Benny explica: "Aún no podía lograr meterme del todo en eso. Me sentía un robot. Sin alma. Siempre me he considerado una persona altamente espiritual, aunque no soy religioso de la manera usual. Pero respondo a ciertas cosas del espíritu: la grandeza del arte, la belleza, rezo mucho. Creo que se obtienen respuestas de esta manera." Luego de cinco años en su supuesta carrera, logró dar ese gran salto conectado con la fe.

"Un amigo mío estaba por abrir un salón de belleza. Pequeño, sólo siete sillas. Él estaba empleando gente, y de repente yo vi la luz; sabía hacer cortes de pelo. Pensé en hacer algo que no fuese importante, pero si satisfactorio. ¿Qué hay de malo en eso? Hablaría con la gente, los haría lucir bien. Trabajaría ocho horas por día, ganaría lo suficiente para mantenerme, volvería a mi casa, dejaría el trabajo atrás—no tendría que pensar más en él. Y así quizás podría descubrir si tengo verdadero talento como pintor."

Ese rayo de luz se le encendió hace seis años, y hoy Benny aún es peluquero. También ha comenzado a vender algunos de sus cuadros. "Fue el plan perfecto para mí. En cuánto hice el cambio, supe que había hecho lo correcto. Pero necesito mantener mi fe en esto, ya que no ha sido nada fácil. El trabajo que hago no es prestigioso. No según mi familia, ni mi trabajo, ni mis cuadros. Siento mucha tristeza, mi familia me ridiculiza—no tanto ahora como al principio, pero aún hoy recibo comentarios. Mi padre piensa que fallé. Pero yo me siento bien."

*Y* LUEGO VIENE SHARON. Sharon comenzó a estudiar para ser enfermera cuando tenía diecinueve años, se graduó, inmediatamente después se casó y nunca llegó a ejercer su profesión como enfermera. Su marido, Mack, estaba comenzando una carrera en el negocio bancario, y se instalaron en un magnífico apartamento en Nueva York. Sharon cuenta: "La vida parecía pasar velozmente. Mis adorables hijos nacieron enseguida, el segundo dos años después que el primero. Mack era todo un éxito en su trabajo. Agasajábamos a mucha gente. Yo me involucré totalmente en todo lo que incluía tener niños pequeños. Trabajaba cómo voluntaria en sus escuelas, los llevaba de un lado a otro a fiestas, actividades y mil cosas más."

Sharon y su marido eventualmente se divorciaron. "El divorció finalizó el día que cumplí cuarenta años, y me lo tomé como una señal de algo. Yo fui una buena madre. Generalmente, pienso que fui una buena esposa también. Pero tenía una sensación que creo que probablemente sientan muchas mujeres—la verdadera Sharon había sido dejada de lado. La verdadera Sharon, pensé, podría haber sido una enfermera fantástica."

Sharon hizo lo siguiente: tomó una serie de cursos y exámenes para reactivar su licencia. Sus hijos ya estaban lejos, en la universidad. Ella levantó su casa, volvió al área del noroeste de Vermont adónde había pasado un par de veranos cuando era niña, y compró una pequeña casa. Luego se anotó en un servicio de enfermeras a domicilio.

"Mi territorio es un lugar rural, y hay ciertos puntos que se hallan sumidos en la pobreza." Veo mucha gente que no puede viajar o llegar a los centros de salud. Hay una mujer que visito que está severamente incapacitada a causa de su diabetes. Una de sus piernas fue amputada. La otra tarde yo le estaba lavando el cuello, sus axilas y pechos, mientras ella permanecía en cama. Me expresó lo difícil que se le hacía mantenerse limpia y me lo agradeció. Y yo sentí que me hallaba en el centro de mi propio universo. Sentí que yo era la única persona en este planeta que tenía que estar en esa diminuta habitación esa noche ayudando a esta mujer a mantenerse aseada."

No hay nada como la sensación de despertarse y decir: "Sé que estoy en el centro de lo que Dios desea para mi vida." No quiere decir que a usted le gusten las circunstancias inmediatas o sus alrededores. Puedo pensar en repetidas ocasiones en que iba camino a mi trabajo con pensamientos recorriendo mi mente a mil por hora—todas las cosas por hacer, problemas que debo resolver, asuntos que debo confrontar. Pero en el centro se halla la paz que siento al saber que estoy dónde debo estar. La tormenta puede estar desatándose a mi alrededor, pero yo estoy en el ojo sosegado de esa tormenta.

Cuándo usted se despierta, ¿siente esa paz interior que sobrepasa todo entendimiento? ¿Se siente en el centro de lo que usted fue creado para hacer en ese momento? Ese es el tipo de paz que busca tanta gente. Algunos la buscan la vida entera.

No hay nada como eso. No se puede comprar. Nadie se la puede dar. Y creo que no la encontrará a menos que dé ese primer paso para poder establecer contacto con Dios y confiar en Su propósito. Esa es la fuente.

*Aquí está el resumen de mi*

## MAPA BASADO EN EL CAMINO DE LA FE:

- Otórguele el control a Dios.

- Continúe marchando hacia adelante, aún cuándo no tenga todas las respuestas.

- Comience nuevamente, si eso es lo que se requiere.

- Luche contra el desaliento, afuera y adentro—rece.

- Aférrese a la visión. Escuche su llamado y la voz de Dios.

DOS

# Oración

*La Conversación Sin un "Amén"*

*Y*O ACUDO A DIOS UNA y otra vez, en lo que defino como una conversación sin fin. La oración es el segundo principio de la carrera y la vida ambas guiadas por el Espíritu.

## Enfocándonos en Dios y Su Presencia

Hubo una mañana en la que me resultaba difícil enfocarme en algo que no fuese el día desagradable que tenía por delante en el trabajo—reuniones, llamadas telefónicas, politiquería, gente. Sentí que mi energía se trababa, como si alguien hubiera oprimido el botón de cámara lenta en mi vida. A cada paso y vuelta que daba preparándome para dejar mi casa, emitía un suspiro.

Manejar hasta la oficina tampoco me fue fácil. Mis pensamientos me empujaban hacia un agujero negro aún más profundo: *¿Por qué estoy haciendo esto? ¿Qué es lo que está pasando? ¿Realmente quiero seguir haciéndolo? ¿Por qué? ¿A quién le importa el dinero? Quizás yo no deba estar más en este empleo. Lo que está ocurriendo en la oficina no es justo. No es correcto. Estoy cansada de lidiar con todo eso.* Cuándo estacioné el auto sentí que me había hundido en un estado de parálisis y apatía.

Esa no era la primera vez que comenzaba el día así durante mis años de carrera. Y como en otras ocasiones, cuando finalmente llegué a la oficina me eché detrás de mi escritorio, incliné la cabeza, y apenas me dio la energía para hacer lo que hice. Recé. *Dios, si no vienes y haces algo con lo que me está pasando en este momento, yo no podré resistir este día. Realmente necesito tu contacto. Necesito que me hables.*

En esta ocasión en particular, un par de horas después, cuándo ya me había instalado en el trabajo que tenía que hacer, recibí un correo electrónico de mi amiga Gwen. Decía:

> *Ana, he estado pensando en ti toda la mañana. Pensé que to gustaría este mensaje que me mandó un amigo hace un rato:*
>
> > *"¿Sientes cómo si estuvieses andando a ciegas en la oscuridad? Guiame con tus consejos...¿A quién*

*tengo en el cielo excepto a ti? Mi cuerpo y mi corazón*
*pueden fallar, pero Dios es la fuerza de mi*
*corazón..."*

Me senté erguida, y experimenté la cálida sensación que conocía tan bien, que se me había convertido en algo familiar a través de los años. Sonreí, el tipo de sonrisa que nos viene cuando acabamos de recibir una carta de un amigo de toda la vida que nos recuerda un momento o un lugar especial, de un vínculo duradero. En esa mañana desolada, Dios atravesó la realidad de mis circunstancias y mi inhabilidad de mirar más allá del momento. Él me recordó que yo estaba ahí, aunque estuviera fuera de foco y con el corazón pesado. Él oyó mi plegaria y respondió de manera que yo pudiera escucharlo en ese momento.

A menudo, durante mi carrera—cuándo una tarea se me hacía horrorosa o pensaba que una situación se me iba de las manos—Él me daba una palmadita en el hombro y me recordaba que cuando yo rezo, Él responde. Durante mi primer trabajo corporativo, hace años, no tenía idea de como iba a lograr lo que esta gente estaba esperando de mí. Me encontraba ahí, habiendo aceptado una posición regional, pero no habiendo estado nunca en las provincias que abarcaban mi área. Nunca había viajado. Me recuerdo pensando: *¿Cómo cielos voy* *a lograr esto?* Y sentada en mi escritorio rezaba: *Dios, si no vienes, no sé que va a pasar aquí. Estoy segura que voy a fallar.*

Él vino. No fallé. Crecí en ese empleo y prosperé. Pero me llevó muchas oraciones. En ese entonces, y a través de mi camino, aprendí que cuando rezamos, Él viene.

¿Cómo se reza? ¿Existe alguna manera correcta incorrecta? ¿Es algo que se debe aprender o simplemente que nace en uno mismo?

A través de mis experiencias, y de hablar con amigos sobre cómo llevar una vida en la cuál se reza, descubrí lo siguiente: rezar no es siempre fácil. Podemos dejarlo de lado u olvidarnos de hacerlo. Podemos distraernos. A veces nos preocupa lo que queremos decir. Rezar no es algo tan fácil como encontrarnos con algún vecino en la calle e intercambiar comentarios agradables. Claro está, que llevar una vida guiada por el Espíritu tampoco es fácil.

A nivel muy simple, yo diría que siempre que se arrodille e incline su oído hacia Dios con fe, no le va a ir mal. Esto siempre fortalece el vínculo. E indudablemente lo hace cada vez más fácil.

## Pida Consejos

Existen las oraciones que son súplicas, y que ocurren cuándo necesitamos ayuda. Y existen las oraciones de alabanza que ocurren cuándo damos gracias.

A través de este libro, usted verá o quizás ya lo haya notado, que yo hablo mucho sobre mis conversaciones frecuentes con Dios respecto a mi carrera. Muchas de estas conversaciones requieren una carga, una infusión en ese mismísimo momento, como aquella mañana en la que sentí que estaba andando a ciegas en la oscuridad, sentada en mi escritorio necesitando contactarme con Él.

Durante otras conversaciones, trato de descifrar lo que Él desea para mí cuándo me confronto con una decisión difícil en mi trabajo. Muchas veces me he sentido completamente aturdida por puertas que parecían estar abriéndose sin sentido y me hacían trastabillar. Y otras veces, he tenido que luchar con sentimientos turbulentos con respecto a algún cambio en particular que quería hacer, y para el cuál necesitaba desesperadamente alguna guía. Esta guía nunca me ha fallado.

## Busque la Voz de Dios

Hace unos años, fui solicitada para una posición como vice presidenta ejecutiva de una compañía de espectáculos, en la cuál debía reportarme directamente al presidente. Mientras seguían cortejándome, tuve varias reuniones y entrevistas con algunos de los presidentes dentro de la organización. Se trataba de un trabajo importante. Representaba un cambio de carrera significativo para mí, en una interesante línea de trabajo.

Sin embargo, desde el principio, aún antes de la primera entrevista, yo me sentía inquieta por todo. Recuerdo haberle dicho a mi marido: "Hay algo que no me cierra en todo esto, y no sé que es. Por alguna razón, no me siento en paz." Me encontré teniendo una actitud al estilo *um, eh, quizás*. Siempre sé cuándo estoy en la zona en que se me manifiesta, *Ah, esto podría venir de Dios.* Y no sentía eso; no estaba en esa zona.

Así y todo, nunca me pierdo la oportunidad de conocer gente nueva y sentarme a charlar con ellos, porque nunca se sabe adónde pueden llevarnos esas conexiones. Después de la primera tanda de reuniones, comencé a sentirme más cómoda con el rol que yo tendría en esa compañía y con lo que se esperaba de mí. Sin embargo, no estaba encontrando esa sensación de paz. "Sigue rezando," me decía mi marido, "Ya la descubrirás."

Una noche me senté en nuestra sala de rezos en casa y dije: *Dios, yo no quiero estar en ningún lugar que tú no hayas destinado para mí, no importa cuán importante y sexy y fenomenal parezca esta oportunidad. Por alguna*

*razón, yo no encuentro paz en la idea de este empleo, y ni si-
quiera sé si el perseguirlo es lo que tú deseas para mí. Así y
todo, haré el esfuerzo y veré cuán lejos me lleva. Y si éste no
es el paso que tú quieres para mí, si éste no es el lugar adónde
yo debo estar, entonces por favor haz algo para cerrar esta
puerta. Si la puerta permanece abierta, asumiré que es ahí
dónde debo ir. Y por favor, sea como sea, ayúdame a comprender porqué siento este desasosiego.*

Esa fue mi oración. La repetí varias veces después de
esa noche, porque a través de mis experiencias en este
camino, sé que cuándo uno está fuera del paraguas de
Dios y su propósito, no hay paz, no hay éxito, no hay
nada bueno.

La compañía tomó varios meses en procesar este empleo. Yo era la candidata elegida y el que me reclutó me
reaseguraba; no había ninguna otra posibilidad sobre
la mesa. Y de repente un día, me llamaron de la compañía para informarme que había emergido otra candidata, así, de la nada, y—mil disculpas—pero esa persona
acababa de ser empleada. Ya no me ofrecían el trabajo.

Yo estaba embelesada. *Perfecto, pensé, la puerta se ha
cerrado.* Obtuve mi respuesta.

Con respecto a esa posición, aún hoy en día no sé que
era lo que me molestaba y me producía ese desasosiego.
Tenía la sensación de que no era para mí. Dios me lo
confirmó. Y una vez confirmado, realmente no me inte-
resó averiguar lo que me había pasado. Sabía que había

recibido mi respuesta, y esto me fue suficiente para recuperar la paz.

Llega un punto en la relación espiritual con Dios en que uno simplemente sabe que hacer. Uno para de analizar e intelectualizar y tratar de convencerse y dar vueltas sobre el asunto en discusión. Simplemente se tiene fe en que sus sensaciones de desasosiego y falta de paz funcionen como un alerta mecánico. Yo lo veo de esta manera: Usted está conduciendo su auto y se enciende una pequeña luz de alerta. Quizás sea una válvula que está funcionando mal o quizás sea algo más serio y la luz se lo está indicando. Usted no está seguro. Pero confía en que si esta luz se encendió, debe tomarla como una cierta alerta y hacer algo al respecto—inspeccionar que ocurre, o acercarse hasta un taller mecánico. Quizás no pueda descifrar cuál es exactamente el problema, pero el mensaje es real.

Dios envía mensajes. Cuando usted tiene una relación con Dios, debe saber que Él tiene la suficiente grandeza para parar ciertas situaciones y darle fin a lo que está ocurriendo a su alrededor. Y si no, Él permite situaciones que le apuntan el camino y le dicen, *Si, esta es la dirección.* Durante otras etapas en mi carrera, se me abrieron ciertas puertas repentinamente, y no necesariamente las que yo estaba buscando. En cada una de esas ocasiones yo rezaba: *Señor, no sé de qué se trata todo esto, pero yo ejecutaré mi parte, haré mi investigación sobre esta compañía, iré a la entrevista, y daré todo lo que tengo. Y sé que Tú ejecutarás Tu parte. Necesito que me confirmes esto o que me lo quites.*

Así las puertas se hayan abierto o cerrado, Él nunca me falló.

## Dar Gracias y Ofrecer Elogios

Comenzar con un corazón agradecido nunca lo llevará por mal camino, así no se sienta tan agradecido. Hay días—todos los tenemos—en que nos despertamos pensando: *O no, tengo que ir a trabajar, lo último que deseo hacer.* En esos días inmediatamente me esfuerzo por cambiar y parar los pensamientos que inundan mi cabeza. En cambio digo: *Dios, gracias por esta casa, por mi marido, por mis padres, por mi ropa; gracias por proporcionarme un trabajo que me ayude a mantenerme a mí y a mi familia.* Es bueno ser específico, ponerle un nombre a la gente y bendiciones que poseemos. Cuando leo la lista de lo que me ha sido otorgado—aunque mi primera reacción del día no sea de agradecimiento—¿cómo no voy a expresar mi gratitud?

Dar las gracias significa alabar, y hay más de una manera de hacerlo.

Una mujer que transcurre muchas horas viajando en ómnibus para llegar a su trabajo acude a las palabras de la Biblia. May es una niñera, que se ocupa a diario de dos niños de una pareja que trabaja, cada uno en su carrera. A su vez, May es una madre soltera de dos niños, a los que cuida su abuela mientras ella trabaja. Su vida no es fácil.

"Me resulta raro tener que dejar a mis niños para ocuparme de los niños de otra mujer, y me resulta triste estar fuera de mi casa tanto tiempo. Tengo que tomarme dos autobús para llegar al trabajo y dos para volver. Cuando viajo, llevo mi Biblia."

Ella comenzó esta práctica leyendo un Proverbio por día, leyéndolo una y otra vez y pensando en el significado. Al cabo de un mes, había leído los treinta y un proverbios, y pasó a los Salmos. "Los Salmos son hermosos," dice May, "tantos de ellos alaban a Dios. Mientras leo las palabras, muevo mis labios. No los leo a un volumen alto, porque eso molestaría a la otra gente y me mirarían. Pero para mí, esto es como ofrecer una oración."

Rezar es una disciplina y un acto de intención. Como en cualquier disciplina, uno mejora a medida que lo sigue haciendo. Piense que es como ejercitar sus músculos espirituales. Yo corro, o al menos corría. Ahora soy una verdadera corredora. Hace mucho tiempo corrí en varias maratones. Cuando no corro durante un tiempo, no puedo simplemente salir un día a la calle y comenzar a correr exhaustivamente con la vitalidad y fuerza de antes. Sencillamente, ya no las poseo, y debo entrenarme de a poquito, nuevamente. Es lo mismo que rezar. Me he entrenado en una vida de robustas oraciones durante años, pero si dejo que la conversación se deslice—tengo poco tiempo, muchas actividades, un trabajo demasiado pesado—acabo perdiendo algo. Los músculos espirituales necesitan reconstruirse. Y mientras nosotros nos entretenemos y nos demoramos, Él espera.

Rezar no es algo que nos viene fácilmente, porque la oración no nos es totalmente natural. No reside en nuestros genes. Si apoyarse en Dios fuera fácil y natural este sería el Edén. Por lo tanto quiero compartir con ustedes algunas ideas sobre como superar esta barrera y entretejer este principio dentro de la tela de sus días de trabajo.

## Ejercicio: Intenté Conversar Sin Decir Amén

"No sé qué decir."

Esto es lo que me dijo una amiga sobre sus intentos de rezar, y es un sentimiento que tiene mucha gente. Nos dejamos atrapar por las palabras y nos volvemos demasiado conscientes. Pero así como en cada uno de nosotros hay un instinto relacionado a Dios, ese vacío divino que deseamos llenar, también existe un instinto relacionado a rezar. Actuar bajo ese instinto lleva atención y esfuerzo.

Sobrellevar una conversación con alguien cuando usted no está con ánimo de hablar o se siente inadecuado exige cierta disciplina. Esto puede requerir doblegar su personalidad, carácter y rutina de cierta manera, y adaptarse al hábito de hacerse unos minutos de lado todas las mañanas cuando recién se despierte, sólo para hablar. Lo que usted diga no tiene porqué ser tan complicado o sofisticado, deben ser sencillamente palabras honestas desde el corazón. La escritora Anne Lamott dijo una vez que su oración favorita era: "Ayúdame Dios, ayúdame Dios, ayúdame Dios" y "Gracias Dios, gracias Dios, gracias Dios."

Pero rezar también significa escuchar, sentarse serenamente e intentar escuchar. Después de todo, rezar no es una conversación de a uno. Es un diálogo. Cuándo usted habla, realmente no está escuchando, y el acto de permanecer quieto también lleva su práctica.

Todos nos sentimos atacados por distracciones mentales, ruidos, el no poder concentrarnos por esto o aquello. Como ya les he mencionado, nosotros tenemos una sala de oraciones en nuestra casa. En realidad, mi sala de oraciones se halla en cualquier lado en el que yo esté en ese momento, cualquier lado y momento en el que sienta la necesidad de hacer una pausa, detenerme, y dirigir mis pensamientos hacia Dios. Pero en ciertos momentos, especialmente cuando me he sentido distante, me aseguro de sentarme sosegadamente en mi sala de oraciones. Y quizás todo lo que diga sea: *Señor, aquí estoy. Tú conoces mi voz. Perdóname por no haber pasado más tiempo junto a ti. No se qué decirte. Porque tú vives dentro mío, necesito que te levantes y reces a través mío.* Acercarse a Dios con la honestidad de un niño nunca es un error. Luego permanezca quieto y escuche.

A veces me siento en mi sala de oraciones y canto alguna canción que cantaba cuando era una joven cristiana o que aún cantamos en la iglesia. Cantarle a Dios es una forma de rezar y alabarlo. Significa tomar una decisión premeditada, dejar todo lo demás de lado, enfocarse en Dios, y entregar el corazón al diálogo. Cantar es una forma de preparar el corazón para el juego. Además, yo provengo de una tradición eclesiástica en la cuál, antes que nada, está el cantar. Es interesante ver en la Biblia, cómo Israel, cuando entraba en batalla, frecuentemente dejaba que los cantantes tomaran la delantera, no los soldados. Los cantantes reclamaban la presencia de Dios.

Practicar esto nos recuerda también que rezar, así cómo la relación con Dios, se trata de entregarse. *Háblame, dirígeme, muéstrame adónde quieres que yo vaya, y así yo no termine de comprender, confío en lo que tienes en mente para mí.*

Entregarse puede alterar su manera de ver las cosas, como he mencionado anteriormente, pero no siempre mejora sus circunstancias de manera misteriosa. La vida aún está ahí, habrá algunos días en que todo se le hará monótono y rutinario, y otros que confrontará con temor. Y habrá otros días que estarán llenos de eventos o personas que lo halagarán, le darán confianza en como se está manejando y lo harán sentir en la cima del mundo. En ese momento usted necesita entregarse, una y otra vez, y ahí es donde deben entrar las oraciones. Entregarse a Dios va en contra de nuestros instintos humanos. Nos gusta sentir que tenemos todo bajo control. Y frecuentemente ocurre que cuándo nos está yendo maravillosamente bien en el trabajo—cuándo realmente nos sentimos ganadores y con éxito en nuestras carreras y con visiones de riqueza por delante—es cuándo quizás nos apartamos de la oración genuina.

Abigail, una mujer que se autodenomina una persona espiritual, ha trabajado durante más de veinte años en el negocio de venta al por menor. Recién graduada de la universidad Abigail comenzó como asistente de compras en una pequeña tienda de Maryland, que se especializaba en mujeres, y fue escalando hacia empleos cada vez más importantes que la llevaron a su trabajo actual, como ejecutiva en una importante tienda de New York. Abigail describió su camino y algunos hechos que despertaron su entendimiento sobre qué significa perseguir una carrera guiada por el Espíritu:

"A mi siempre me encantó la venta al por menor. Es el área en que yo deseaba pertenecer desde que terminé la universidad, y tuve mucha suerte en conseguir empleos en sitios tan buenos. Bueno, no solamente tuve suerte, si no también bendiciones, y además puse muchas horas, trabajé como un perro. Aprendí todo a fondo. Siempre he rezado mucho, y sabía, confiaba en que lo que estaba haciendo era lo que debía hacer.

"Con el empleo de New York yo realmente la pegué. Desde el principio sentí que ese era mi apogeo. En un momento, a dos de nosotros, nos dieron la tarea de repensar y rediseñar, desde cero, los cosméticos, perfumes y productos personales del departamento de belleza. Esto era lo que más producía ingresos en ese piso. Yo tenía una visión de cómo hacer funcionar las cosas, y comencé a contar con que esto sería una gran pluma en mi sombrero; definitivamente conseguiría una promoción; definitivamente esto significaría importante dinero a nivel personal."

Durante la mayor parte de ese año, Abigail cuenta: "Había una gran rivalidad por posicionarnos entre esta persona y yo. Sentí que me estaba volviendo extremadamente competitiva, determinada a subir a la cima de todo y manejar hasta el último detalle. Es en momentos así en que rezar es básico, y yo no lo estaba haciendo correctamente en ese tiempo. Rezaba todas las noches, al final de algunos de estos días enloquecedores, para que Dios causara algún acontecimiento específico. Literalmente, mi oración era, 'Mañana necesito que me aprueben ese plan, así que por favor, haz que aparezca ese memorando en mi escritorio.' Yo rezaba para que tal reunión resultase a favor mío o para recibir aquel llamado telefónico que estaba esperando. Se puede decir que yo estaba tratando de manipular a Dios."

Ella dice que se escuchó a ella misma, y no le gustó lo que estaba oyendo. "Hace muchos años yo atravesé esa experiencia de entregarme a Dios, y fue realmente extraordinaria, el sentimiento de dejarse ir y confiar en Su voluntad. Pero lo que he aprendido es que una experiencia extraordinaria no nos asegura que va a ser así para siempre. Debemos tener esa conversación, la conversación correcta, una y otra vez. Debemos recordarnos lo que significa tener fe en la voluntad de Dios, y practicar." Ella tuvo que volver a encaminar "su vida de rezo," explica. "Pude hacerlo, y con ello recuperé el sosiego, el saber que pasara lo que pasara en mi trabajo, estaría todo bien. Yo sabía que había hecho lo mejor posible y que había puesto toda mi pasión, experiencia y compromiso en ese trabajo. El resto dependía de Dios, y todo estaría bien."

Ese es realmente un desafío positivo. Todos deseamos ciertas cosas, algunas desesperadamente. En nuestras conversaciones con Dios, todos podemos decir: *Necesito ésto* o *Necesito aquello*. Pueden ser demandas enormes, bien intencionadas, cómo tratar de que un niño enfermo se cure o terminar con el sufrimiento de un viejo amigo, y también pueden ser pequeñas demandas que parecen muy importantes en el momento, como querer ver cierto memorando aprobado en su casilla de correo a la mañana siguiente. La clave está en recordar que hay que entregarse. Frecuentemente, queremos vivir ambos roles, el nuestro y el de Dios, y no podemos. Yo sólo puedo hacer mi parte, el resto debo dejárselo a Él, confiar. Además, Él tiene un plan para todos.

### Únase a los Demás

En años recientes, nos hemos enterado de muchas sesiones de oraciones en el lugar de trabajo—desde los niveles más altos del gobierno hasta los vestidores de grandes jugadores de fútbol o negocios que comienzan el día con grupos organizados que rezan. La forma de oración individual que hemos visto hasta ahora, es la que ayuda a desarrollar una relación íntima con Dios, al punto de llegar a conocerlo tan bien cómo para darse cuenta cuál es Su deseo para usted. Cuando se profundice la relación, a usted se le abrirá otra área de oraciones—la de rezar en conjunto. Si obtiene mejores resultados rezando de manera personal, privada y hasta idiosincrática, quiere decir que eso es lo que le funciona a usted, y está bien.

Yo me he fortalecido tanto rezando privadamente como con otros creyentes. Muchas veces ha habido casos en que he batallado tan profundamente con cuestiones personales que algún amigo cercano de la iglesia ha llegado a llamarme para decirme: "Sabes, ayer cuándo estaba rezando, me viniste a la mente, y comencé a rezar por ti. Mi espíritu apesumbrado sentía que estabas pasando a través de algo difícil y que necesitabas una oración."

Esa es la esencia de la comunidad espiritual. Si cree que Dios es omnisciente y omnipotente y usted lo invita a participar en su vida, Él llegará con todos sus poderes, Él posee la habilidad de infiltrarse en los pensamientos de otro creyente y hacerle saber que usted necesita una oración. O infiltrarse en sus pensamientos y hacerle saber que un amigo está pasando por momentos difíciles y necesita su oración. Claro que no siempre obtendrá ese lazo íntimo en partes iguales con todo el mundo simplemente porque asiste a la misma iglesia.

Pero uno se da cuenta cuándo hay una conexión especial con una persona en particular. Usualmente se confirma a través de eventos como el que describí en el párrafo anterior—la llamada telefónica del amigo de mi iglesia, el correo electrónico en el trabajo. No hay manera de que se hayan enterado que en esos momentos yo me encontraba afligida y necesitaba que rezaran por mí. A nivel humano, no se posee ese conocimiento; viene sólo a través de la inspiración de Dios.

*L*AS SIGUIENTES SON CIERTAS FORMAS en las que la gente con fe ha confrontado este desafío.

Jenna, una mujer que creció en un hogar religioso, asistió a una escuela religiosa y le dio la espalda a todas las cosas religiosas en sus últimos años de adolescencia, dice: "Cualquier tipo de oración que yo oía o efectuaba cuándo era niña comenzó a parecerme totalmente artificial. Nos sentábamos alrededor de la mesa para cenar, nos tomábamos de la mano, y alguien decía: 'Bendícenos Señor, por los obsequios que estamos a punto de recibir,' y todo lo demás que seguía. Eran solamente palabras. Cuando yo era muy pequeña, mi abuela me decía que todas las noches al irme a la cama, tenía que decir: 'Me voy a dormir, le ruego al Señor que cuide mi alma. Y si muero antes de despertar, le ruego al Señor que se la lleve.' Naturalmente, pensar que podía llegar a morirme durante la noche me aterrorizaba, y repetía esa oración una y otra vez. Por las mañanas, tenía otra oración: 'Señor que estás en los cielos, escúchanos a los que te estamos rezando en este momento,' y así sucesivamente. Todo finalizaba con *Amén*, a lo cuál yo no le hallaba sentido.

"Cuándo dejé de ir a la iglesia y de creer en lo que mis padres y la iglesia me decían que yo tenía que creer, abandoné todo."

Ella ahora tiene treinta y cinco años. Jenna dice: "Hace algunos años, por alguna razón desconocida, comenzaron a gustarme las viejas oraciones nuevamente y comencé a rezarlas. Retomé hasta esa oración de mi niñez. La iglesia no es para mí. Pero, a ciertas horas del día, encuentro consuelo y sentido en la rutina de dirigir mi mente más allá de mí misma. Es un buen hábito. Siento que es una buena manera de comenzar y terminar el día."

*R*AMÓN TRABAJA COMO AUXILIAR de sala en un hospital, y dice: "Hace unos años, decidí aprender a meditar. Una amiga mía estaba seriamente involucrada en la meditación, y me contaba cuán fantástico era. Pierdes el ego. Eres uno con el universo, y cosas así.

"Yo veo mucha infelicidad en mi trabajo. Hay gente muy enferma pasando por tratamientos dolorosos. Y también están los familiares preocupados que vienen con los pacientes. Yo me llevo todo esto conmigo cuándo dejo el trabajo, y estaba buscando algo que apaciguase mi mente.

"Pues, eso fue lo más difícil que alguna vez intenté hacer. Cuánto más trataba de relajar mi cerebro, más velozmente me funcionaba. Nunca llegué a hacerlo eficazmente, pero me hacía bien la idea de emitir un sonido una y otra vez para calmarme y deshacerme del mundo externo. Era cómo un pequeño truco que se puede jugar con la mente. Pensé que esa podía ser una forma de rezar.

"La idea de mantener conversaciones con Dios no es para mí. No puedo hablarle como le hablaría a cualquiera. Para mí, rezar significa alabarlo. Por ende, como la meditación no me funcionaba y hablar con Él me resultaba difiícil, me propuse memorizar pasajes de la Biblia, y los repito en mi mente. Lo que hago es levantarme temprano y paso alrededor de treinta minutos en el gimnasio que se halla en el edificio dónde vivo, generalmente en la caminadora. Recito uno de los pasajes que he memorizado. También tengo pasajes grabados en un mini grabador a cassette, los cuáles escucho mientras hago ejercicio, pensando en el significado de las palabras."

*U*NA MUJER, programadora de computación, espera con anhelo la hora en que vuelve del trabajo a preparar la cena para su familia. Helen dice: "Antes miraba el noticiero en la televisión mientras cocinaba. En cambio ahora, trato de inclinar mi mente hacia cosas más devotas. Me encanta cocinar, me gusta el proceso porque lo encuentro sensual—los aromas, los colores de los vegetales frescos, la sensación del agua corriéndome entre las manos. Trato de tener una actitud devota o meditativa mientras me muevo en la cocina. Pienso en lo bienaventurada que soy por tener una casa, una familia, comidas maravillosas para alimentarnos. Pienso en el regalo increíble que es tener esta asombrosa abundancia en mi vida. Pienso en estas bendiciones. ¿Cómo no voy a estar agradecida?"

*H*AGA LO QUE LE FUNCIONE: lo qué sea que lo ayude a abrir esa brecha, cualquier cosa que mantenga las líneas de comunicación abiertas del lado suyo.

He aprendido que cuando buscamos la cara de Dios a través de la oración, la encontramos. Cuando le he dicho: *Dios, necesito que vengas a mí,* y Él, de alguna manera, se ha presentado.

*Éstos son los principios de la*
## ORACIÓN

- Enfóquese en Dios y Su presencia.
- Dé gracias y elógielo.

- Requiera su guía.

- Escuche la voz de Dios.

- Practique: converse sin usar el amén;
rece sin cesar.

- Únase a los demás.

# TRES

# Humildad

*El Inmenso Poder de un Espíritu Humilde*

*L*A HUMILDAD TIENE UNA REPUTACIÓN PLEBE. La humildad le sugiere no ponerse a sí mismo adelante, mantener un perfil bajo o desplegar una actitud modesta sobre sus logros, usted mismo y su vida. Es una cualidad que usualmente no se menciona como necesaria para ser exitoso en su lugar de trabajo.

Pero estoy convencida que la humildad es un principio clave para una carrera guiada por el Espíritu. Su fundamento significa comprender que mi propósito proviene de Dios. Yo puedo hacer lo que hago porque Él me guía y porque estoy usando el talento, la inteligencia y las oportunidades que Él me brinda de manera positiva. De hecho, la humildad va de la mano con ser saludablemente consciente de quien es uno.

Demostrar una humildad genuina es bueno para los

negocios. Usted reconoce que no tiene todas las respuestas, y acude a gente que pueda proveerle algunas de ellas. La humildad es reconocer un error que usted pueda haber cometido, y tratar de aprender algo de él. Es mantenerse abierto a distintos puntos de vista. Es comprender que si usted está en posición de mando, podrá extraer lo mejor de la gente haciéndola sentir segura, dándole espacio para hablar y contribuyendo en lugar de diferenciarla con su alto rango. Y a veces se trata de luchar con los sentimientos de superioridad que uno siente y entender adónde se halla la gente.

Actuar con humildad promueve confianza. Alienta a tomar riesgos sabia y dinámicamente. Acerca a la gente y la hace querer trabajar con usted. ¿Y sabe qué? Usted se sentirá bien con sí mismo y sentirá el propósito de Dios en mayor grado si camina con un espíritu humilde a través de su vida laboral.

## Acepte Lo Que Usted No Sabe y Pida Ayuda

Merced, una analista financiera, cuenta una graciosa, aunque en realidad no tan graciosa, historia sobre su persona y qué sucede cuando uno no puede admitir que no conoce la respuesta. Cuando ella comenzó la universidad, se mudó de su casa por primera vez y compartió un apartamento con una compañera que encontró a través de la universidad. "Mi compañera conocía a gente en la ciudad, y ella tenía la amabilidad de incluirme en sus planes. Una noche fui con ella a cenar a la casa de un amigo. Como primer plato, nos sirvieron una alcachofa.

"Yo jamás había comido una alcachofa. No tenía idea de qué hacer con ella. Por lo tanto, furtivamente buscaba observar lo que hacían los demás, cuándo mi amiga me notó sentada ahí de manera extraña, y me dijo: 'Ey, Merced, ¿sabes cómo comer esto?' En vez de decir: 'De hecho, que gracioso que me lo preguntes, no, no sé,' yo le dije: 'Claro que sí, es que no me gustan las alcachofas.' En ese instante yo produje un momento raro para el anfitrión, quién se levantó y me retiró el plato disculpándose, cuándo esa disculpa era innecesaria. Yo quedé como una niña sin modales. Probablemente ellos igual se dieron cuenta que yo no sabía que hacer con la alcachofa y eso me hizo sentir aún mas vergüenza durante el resto de la velada."

Ella dice que el evento de la alcachofa le enseñó lo siguiente: "En primer lugar, si usted finge que sabe algo cuando no lo sabe, se mete en una situación de la cual quizás no sepa como salir, y además se sentirá un farsante. En segundo lugar, puedes perder la oportunidad de aprender algo nuevo o cómo hacer ciertas cosas de mejor manera."

Las escrituras dicen: "El orgullo viene antes de la destrucción, y un espíritu altanero antes de una caída. Es mejor ser un espíritu humilde que dividir los despojos con los orgullosos" (Versión de New King James, Proverbio 16:18-19).

En los negocios usted podrá simular durante un tiempo, pero no pasará demasiado hasta que se quede sin trabajo. Siga avanzando. Levántese y anuncie que necesita más información. Admitir que no posee todas las respuestas es una señal de humildad. Es también ser astuto. Frecuentemente, se aprenden nuevas y mejores formas y caminos.

Debo confesar que muchas veces yo no paso el examen de la humildad; a veces siento que ocurre cada vez que abro mi boca. La personalidad influye, y todos estamos familiarizados con esa actitud: "Esto es lo que yo pienso. O, ¿no piensas lo mismo? Bueno, peor para ti." No necesariamente con esas palabras, pero usted entiende este tipo de torpeza. Siempre debo ser más devota y cuidadosa con lo que digo y cómo lo digo. Una de las lecciones que he aprendido es a invitar a la gente a entrar en el proceso de pensar: "Esta es la dirección que pienso que deberíamos tomar. Si esta dirección no les parece correcta o si alguien tiene una mejor idea, por favor háganmelo saber. Lo resolveremos de la mejor manera."

A veces, no importa cuál sea el rol o nivel suyo dentro de una organización, puede encontrarse ante la necesidad de tener que decir: "Disculpe." Y eso, contiene una fuerza verdadera—un merecido respeto.

Yo estaba en una reunión con un número de personas, debatiendo planes estratégicos para expandir el alcance de nuestro negocio en una cierta área. Un joven comenzó a compartir una idea que tenía, la cuál yo estimé como muy buena, aunque la ejecución que él proponía no era la mejor, y yo se lo dije. Durante el resto de la reunión, noté que él no volvió a hablar. Yo no sentí que lo hice callar, pero al reevaluar la situación, realicé que eso fue lo que había hecho, en parte, probablemente porque utilicé la ventaja de tener un rango más alto que él. Al expresar mis reservas, yo no fui suficientemente cuidadosa del hecho que yo era vice presidenta y él gerente, y que mis comentarios fueron expresados delante de un numeroso grupo de personas, lo cual le resultó incómodo. O sea que no fue una sorpresa que él se haya cerrado. Y quizás la pérdida fue nuestra; quizás él tenía otras ideas detrás de la idea inicial de las cuáles todos podríamos habernos beneficiado.

Más tarde, ese mismo día, fui al cubículo del piso dónde trabajaba y le pregunté si tenía un minuto. Me senté en el borde de su escritorio y le dije: "Noté que usted se calló en la reunión de esta mañana, y quizás fue porque parecía que yo lo estaba criticando adelante de toda esa gente. Si esa fue la causa por la que no quiso seguir compartiendo sus ideas y participando de la reunión, le pido disculpas ya que esa no fue mi intención."

Claramente, él se sintió muy bien, y quizás también algo desconcertado por el hecho de que yo estaba sentada ahí pidiéndole perdón. Y compartió el resto de su idea conmigo. Entonces yo pude explicarle por qué la ejecución de esta idea no funcionaría, tomándome el tiempo de mostrarle otras piezas del rompecabezas que no eran evidentes para él. Cuando usted maneja el rol de líder, debe reconocer que ve ciertos aspectos en diversas situaciones, que la gente sentada en otras ramas del mismo árbol no puede ver, y que usted se halla trabajando con más información de la que ellos poseen.

Ahí tienen una manera amable y benévola de asumir el rol de docente en su trabajo. Yo no había sido benévola en esa reunión pero intenté reparar el daño posteriormente, lo mejor que pude. No sólo era correcto hacer lo que hice si no que obviamente también obtendría un resultado exitoso.

Cuánto más tiempo trabaje con un grupo de gente, y a medida que todos se tengan más confianza, más cómodo se sentirá al recibir comentarios y propuestas cuándo usted las requiera. Inicialmente, cuando usted comienza a trabajar con gente, mientras se van conociendo de a poco mutuamente, quizás hasta cuiden sus palabras. Pero llega un punto en el que ellos piensan: *Bueno, le di mi parecer, hablé con franqueza, y no hubo repercusiones negativas por eso.*

Ese es otro de los mensajes que yo intento transmitirle a la gente que trabaja conmigo, y que proviene de un lugar y un espíritu humilde: "Yo puedo ser más experta o tener un título mas importante, y también puedo tener más información sobre ciertos asuntos que la que tienen ustedes, pero estoy lejos de ser perfecta. Cuando mi estilo por alguna razón no funcione, o cuando yo no esté escuchando con suficiente atención, háganmelo saber. Tengo mis puntos débiles; y a veces me equivoco. No tengo todas las respuestas, soy tan buena cómo el equipo que hemos formado juntos. Y de vez en cuándo, probablemente nos debamos alguna disculpa."

Usted debe perseguir la humildad consistentemente. Yo aún estoy trabajando para alcanzarla. Pero debo decir que al menos siento que he comenzado este viaje. Ayuda mucho recordar que su organización lo clasifica, en parte, por su habilidad para armar un buen equipo como líder. Si usted es capaz de hacer esto—convocar a un grupo de gente con diferentes cualidades y una serie de habilidades que juntos reúnan algo extremadamente potente—podrá ejecutar muchas más cosas.

## Ejecute las Pequeñas Cosas como si Estas Fueran tan Importantes como las Grandes

Una mujer recuerda sus primeras experiencias laborales como interna en un estudio de televisión suburbano en Texas. "Admito que ingresé con cierta actitud a este lugar," dice Frances. "Yo pensaba trabajar ahí durante quizás un año, obtener el crédito para poner en mi currículum y luego trasladarme a un lugar más importante en un estudio más importante. O sí, yo me veía a mí misma seis o siete años más adelante como reportera en el aire, ahora sólo estaba poniendo mi tiempo y pagando mi derecho de piso en este estudio pueblerino. Yo pensaba que había muchas cosas por debajo de mí en ese lugar. Dejaba deslizar ciertos asuntos que no creía importantes ni que valieran la pena de mi esfuerzo."

A medida que fueron pasando las semanas, Frances comenzó a notar como trabajaba el gerente del estudio. "Este hombre realmente tenía puestos todos los sombreros a la vez. Su responsabilidad consistía en supervisarme a mí y a los demás en nuestras minúsculas tareas y básicamente asegurarse de que nuestra programación funcionara lo más fluidamente posible. Teníamos un rango de emisión limitado, y no hacíamos nada demasiado estimulante. Pero él le prestaba atención a cada detalle, y nos hacía saber cuánto importaban—las cosas pequeñas debían hacerse con atención e inteligencia, porque todo sumaba a lo que luego produciría el resultado final."

Él era un gerente decidido, dice ella: "era bueno, pero no era manipulable. Él me hacía saber, de manera constructiva, si yo me había atrasado en alguna tarea, y como debía abordarla la próxima vez. Pero no había nada de arrogancia en él, ningún aire importante con tono de que 'aquí el jefe soy yo, el gran pescado en este minúsculo estanque.' No consideraba que ninguna tarea estuviese por debajo de él. En diversas ocasiones, cuando el resto de nosotros estábamos ocupados o había gente fuera del estudio, yo lo veía hacer tareas mas chicas como archivar expedientes y hasta empaquetar la basura para su recolección."

Frances dice que, de su ejemplo y mando, aprendió que "realmente no se va de aquí a allá si uno no se toma el aquí seriamente y lo atraviesa cabal y competentemente. Debe bajarse del caballo, si ese es su problema. Ciertamente fue el mío durante un tiempo."

Mirar hacia adelante, tener planes con respecto a su carrera y metas es inteligente, pero siempre manteniendo en mente que Dios puede tener un marco de tiempo diferente para usted y que existen las limitaciones en cualquier visión humana. Si usted mantiene su espíritu humilde, se dará cuenta que las cosas pequeñas, bien hechas, son la clave para lograr cosas más grandes en el camino.

## Entienda Adónde se Halla la Gente

Muchos de los debates de negocios y construcción de relaciones toman lugar fuera de la oficina, en retiros corporativos, agasajos de días feriados, jugando al golf y otros eventos sociales. Es un hecho, la gente tiende a negociar y trabajar en equipo coherentemente cuándo disfrutan de un cierto nivel de bienestar con sus colegas. Les guste o no, cierto nivel de socialización con sus compañeros de trabajo es a veces parte de un aspecto interpersonal necesario, y mientras esto sucede se llegan a desarrollar muchas ideas y negocios. Yo he aprendido, a veces de maneras ásperas, que estos eventos frecuentemente requieren humildad.

Al principio de mi carrera, en algunos de mis primeros trabajos, frecuentemente era la única mujer del equipo. Hoy en día, las funciones de los fines de semana corporativos llevados a cabo en hoteles o clubes se inclinan más a grupos mixtos. Después que terminan las reuniones de negocios o sesiones de intercambio de ideas, la gente se separa y persigue sus intereses—quizás algún partido de tenis, ejercicio en el gimnasio o un masaje en el spa. No hay un molde tan estricto al cuál adecuarse. En la época que yo comencé a trabajar, se hacían paseos y funciones que el equipo— me refiero a los hombres, ya que yo era la única mujer—asumía que no serían de mi interés y por lo tanto no me invitaban a participar, por ejemplo en juegos de golf, salidas a cazar o pescar en alta mar.

Yo no creía de ninguna manera que estos hombres seleccionaran esas actividades para alienarme o dejarme afuera. Por lo menos elegía no pensar eso. Ellos eran mayoría, por ende tomaban las decisiones, y estaba en mí decir sí o no. Pero muy pronto realicé que en esas sesiones de golf o caza, mis colegas iban conociéndose, hablaban de negocios, y desarrollaban lazos que se trasladaban al ambiente laboral. Yo sabía que cuando volvían a la oficina, ellos habían establecido una relación de naturaleza más personal, que yo no había tenido la oportunidad de construir junto a ellos porque no había estado ahí. Eso me dejaba, de alguna manera, fuera del círculo. Y me perjudicaba laboralmente, por lo tanto hice el esfuerzo consciente de hacerme partícipe de ese círculo.

Recuerdo un retiro organizado por el equipo que se trataba de una caza de codornices, en un coto de caza en la profundidad de los bosques de Alabama. Fui incluida, junto a una asistente del departamento que fue invitada tardíamente para que yo no fuese la única mujer en compañía de seis hombres. Ella y yo compartimos una habitación en una cabaña amplia y fría en el medio de la nada.

Créase o no, me encontré aprendiendo a usar una escopeta de calibre doce mientras caminaba por el bosque. El tiempo se puso tormentoso y todos nos refugiamos adentro. Se armó un juego de póker, y pude aprender aún algo más que no sabía antes. Durante el juego, se hablaba de negocios. Mientras mirábamos nuestros naipes alguien decía. "¿Qué pasó con ese legislador que contactamos el mes pasado?" o "Cuándo volvamos a la oficina démosle una mirada a esas cifras."

¿Fue acaso el mejor fin de semana que alguna vez tuve? ¿Volví diciendo: "Wow, que bien que lo pasé?" No. Pero no me sentí ofendida por la opción de este paseo tan masculino. Ellos eligieron el campo de juego y tuvo sentido que yo me les uniera. Comprendí la sabiduría que lleva adaptarse a una situación en que las preferencias e intereses personales no son prioridad, y llegué a conocer mejor a algunos colegas decentes y a comprometerme más a fondo con nuestro negocio.

Es siempre un desafío balancear una buena oportunidad en su carrera con la realidad de sentirse en un lugar solitario. A través del tiempo—y he tenido que practicar esto—se me ha vuelto más fácil pararme y decir: "Oye, ¿podemos hacer otra cosa la próxima vez? Quizás en lugar de ir a cazar podríamos planear una cena grupal en el club de campo," sabiendo que mientras lo digo mi sugerencia puede no ser popular. Pero tratar de comprender en que lugar se halla la gente nos brinda también la oportunidad, de vez en cuándo, de mostrarles adónde nos hallamos nosotros.

En el camino de mi carrera aprendí otra lección: En las fiestas y cenas de días feriados, cuando asistían los cónyuges, entendí que era más astuto hablar principalmente con las esposas de mis colegas masculinos. Naturalmente, ellas sentían curiosidad por este ser femenino con quién trabajaban sus esposos, y quizás se sentían levemente amenazadas por esta mujer que pasaba más tiempo con sus maridos durante el día que ellas mismas. El hecho de ser soltera, hacía que yo no tuviese tanto en común con ellas. Mi vida consistía en el trabajo, viajes de negocios y la iglesia. (En realidad, ¡mi vida no era para tanto!) Y yo me encontraba charlando con la esposa de alguien sobre escuelas y campamentos de verano, cosas sobre las que no tenía demasiado idea ni interés. Pero hablar sobre el viaje de negocios que había hecho con su marido no hubiese sido apropiado ni bienvenido.

¿Me divertía? No realmente. Y no solamente porque yo aún no había sido madre si no porqué no tenía nada que contribuir a conversaciones sobre temas que eran sólo de interés de ellas. En cambio, aunque lo que yo realmente deseaba era estar en la otra punta del cuarto debatiendo "cuestiones de oficina" con mis colegas, me daba cuenta que el esfuerzo que estaba haciendo por conocer a sus parejas, de última me serviría para ganarme el respeto y confianza de ellos en mi trabajo. Esa fue otra manera en que aprendí a converger hacia dónde se halla la gente. Y cometí muchos errores en el proceso.

Pero la lección más grande fue la siguiente, y ésta es una lección en humildad: Antes que nada, estamos todos juntos en este negocio de ser humanos. Todos tenemos valor ante los ojos de Dios; cada uno tiene un propósito. Y cada uno tiene una historia para contar. Cuando me la empiezo a creer demasiado, cuando estoy en peligro de sentirme superior a lo que está ocurriendo alrededor mío, me recuerdo que soy imperfecta, y que un espíritu humilde muestra comprensión y compasión.

A veces he tenido que aplicar estas lecciones a mi apariencia. ¿Debe usted vestirse cómo le parezca, y seguir sus instintos? Quizás. ¿Es ese el camino más sabio y humilde? No siempre.

El siguiente es un ejemplo.

Yo tengo el cabello ondulado. Me encantan los rulos, pero me lo aliso para mi trabajo y eventos relacionados al trabajo un 99 por ciento de las veces. El punto es que no siempre es apropiado tener mi cabello luciendo salvaje, y de la manera que los rulos se asientan en mi cabeza, se ve salvaje. Y no proyecta lo que yo quiero comunicar; más bien distrae. Puedo elegir dos maneras de hacer esto. Mi actitud podría ser *Esta soy yo, les guste o no; la gente debería poner su atención en lo que estoy diciendo y en lo que soy capaz de hacer.* O podría también pensar: *Me veo más arreglada y profesional cuando aliso mi pelo, una vez que la gente comience a conocerme, tomaré más riesgos.* He hecho eso en la oficina; una vez que yo estaba familiarizada con el lugar y mis colegas familiarizados conmigo, yo "me solté el pelo." Y escuché. "O, tienes pelo ondulado." Pero ellos ya me conocían por lo tanto no era un factor de distracción. Era sólo un nuevo aspecto de Ana. No se casen tanto con sus derechos porque si no la humildad se escapa por la ventana.

Uno de mis comentarios favoritos de Martin Luther King es el siguiente: "Las leyes pueden ser cambiadas, pero una reforma verdadera no se hará evidente hasta que los corazones de los hombres no estén convencidos." En algunos de los aspectos menos bienvenidos del camino de una carrera—los momentos en que quizás yo preferiría estar en otro lugar, haciendo otra cosa, mirando hacia otro lado—entender el momento en que se encuentra la gente es una especie de resistencia pacífica, no en el sentido de dejarme moldear por la América corporativa en lo que no soy si no en continuar siendo yo, pero adaptándome a que mi sentido común y oraciones me comprueben que tengo razón y que lo que estoy haciendo es apropiado. De esa forma—lo que está dentro de mí, quién soy yo, tiene la posibilidad de volverse también aparente para el mundo.

## Elogie Cuando el Elogio Es Merecido

"Perdóname" va de la mano de "gracias" de vez en cuándo. Nadie escucha un "gracias" tan seguido como debería. En el lugar de trabajo quizás no lo escuchemos nunca, y eso es una pena.

Por ejemplo, tomemos a Steve, un estadístico.

Él era parte de un alto equipo especializado en conducir faenas de análisis relacionados a posiciones de trabajo en una importante compañía de comunicaciones. El estudio tardó un año en completarse y resultó en un reporte de 150 páginas. Incluía claras recomendaciones para promover cambios en diversas áreas, las cuáles estaban implementadas por la organización y armadas para que el negocio pudiera funcionar mejor y diera más ganancias.

Steve acota lo siguiente: "A mí me pagaban decentemente—en realidad a todos; no había problemas en ese sentido—pero terminé algo desarticulado. Este era el trabajo que debíamos hacer, y ciertamente yo no estaba buscando una medalla de oro o elogios. Pero cuándo todo acabó, creo que yo esperaba alguna palmadita en la espalda, algún tipo de reconocimiento por haber hecho todo correctamente. Pienso que hubiera sido gratificante como gesto, si el oficial mayor de operaciones se nos hubiera acercado, nos hubiera dado un apretón de manos y nos hubiera demostrado un poquito de comprensión acerca de lo que fue llevar a cabo este estudio en términos de tiempo, poder mental y talento. Un pequeño 'Gracias, muchachos.'"

Como humanos, necesitamos que nos quieran. Como empleados, necesitamos que nos aprecien y valoren. Por supuesto que las subas de sueldos y promociones son fantásticas, y nos dan la señal de que, como empleados, estamos haciendo lo que debemos hacer. Pero también necesitamos el elogio ocasional: "Muy buena tarea; buen trabajo; muy bien hecho" de las organizaciones o jefes para los que trabajamos.

¿Se puede pedir? Absolutamente sí. ¿Es esto compatible con la humildad, de la manera en que me refiero a ella como uno de los principios de la carrera guiada por el Espíritu? Pienso que lo es.

La mayoría de las compañías y organizaciones instalan ciertos sistemas y procesos para revisar el desempeño de los empleados. Si están bien conducidos, estos sistemas pueden alentarnos. Pero muy a menudo, pueden sonar como un "necesita mejorar" arrollador. Si su gerente no tiene la gracia de proveerle comentarios positivos, quizás sea hora de pedirle que le dé algún ejemplo sobre algo que él o ella consideren que usted ha hecho bien. Hasta le recomendaría que le pida una lista con algunos puntos fuertes de su desempeño como empleado.

No todos los gerentes son capaces de suministrar comentarios positivos—y no necesariamente porque estén insatisfechos con su trabajo o eficacia pero simplemente porque en sus propias carreras seguramente no fueron entrenados a tener este tipo de conversaciones. En algunos casos, los mismos gerentes no están recibiendo el apoyo que necesitan de sus superiores para así podérselo pasar a su equipo.

Usted no siempre recibirá lo que necesita o quiere oír. Pero si debería contar con un "Buen trabajo; bien hecho" aquí y allá, y creo que tiene el derecho de pedirlo.

Cualquiera que este en posición de líder realmente debería recordar el poderoso impacto que tiene elogiar y darle las gracias a su equipo de vez en cuándo. Un gerente en una posición mediana en el área de venta al por menor dice: "En mi trabajo anterior, cuándo usted veía un correo electrónico de su jefe en su casilla, le aterraba la idea de abrirlo, porque era siempre algo negativo, y a veces, hasta desagradable. En mi empleo actual, un correo electrónico de mi jefe no me da vuelta el estómago automáticamente, porque de vez en cuándo aparece algún mensaje suyo diciendo: 'Aprecié mucho las horas extras que pusieron todos la semana pasada.' El otro día recibimos un mensaje que decía: 'Gracias por animarse a confrontar la tormenta de nieve esta mañana y llegar hasta aquí.' Es un pequeño gesto que nos hace sentir que trabajar en este lugar vale la pena."

## Pida lo que Siente que Vale

¿Puede tener un espíritu humilde y aún así pedir lo que usted vale en dólares? Es difícil. A las mujeres, particularmente, les resulta duro negociar cuando se trata de ellas mismas, ya sea para pedir un aumento de sueldo, una promoción, o un salario y compensación cuándo se entrevistan para un nuevo empleo.

Una mujer dijo lo siguiente: "Yo tengo muchos problemas cuándo tengo que hacer valer mis derechos, sin sentirme como una persona agresiva que está empujando." Ella trabajaba para una organización sin fines de lucro en el campo de las artes, y de vez en cuándo le daban un aumento salarial. "Yo estuve en esa compañía durante seis años," dice Kathryn, "y los incrementos que recibía spenas se notaban, ni siquiera estaban a la par de los aumentos que sufría el costo de vida. Este era un lugar pequeño, y el director aparecía con mi nuevo salario anotado en un pedazo de papel y me decía, 'Bueno, Kathryn, no es mucho, pero como se dice en Missouri, es mejor un pinchazo en el ojo con un objeto punzante.' Y yo sentía que debía reírme, saber perder. Por supuesto luego pensaba que debía estar agradecida de recibir aunque sea algo, y que quizás, de cualquier manera, yo no valía más que esto."

Es fácil perder el entusiasmo, menospreciarse y cuestionarse lo que uno vale. También es fácil ignorar los pasos que uno puede dar por sí mismo. El primer paso debería tener como objeto explorar objetiva y claramente la compensación que usted se merece en su campo y a su nivel.

Durante el curso de mi carrera, aprendí cómo situarme apropiadamente en el mercado laboral de acuerdo a mis talentos y pedir lo que valgo. Esto puede ser duro. Muchas veces es dificil no dar el brazo a torcer.

Una vez, fui abordada por una compañía que sabía sobre mi destreza en el trabajo y deseaba reclutarme. Yo tenía un buen trabajo, pero me interesaba esta nueva posibilidad, por lo tanto decidí explorarla: hice mi investigación sobre la organización, hablé con otra gente en posiciones similares, y averigüé precios de apartamentos en la ciudad a la cuál tendría que mudarme. Luego perseguí la respuesta espiritual, a través de mis conversaciones con Dios. Mi investigación y mis oraciones me hicieron sentir que si yo tomaba la decisión de aceptar este nuevo empleo, sería lo correcto. Yo sabía lo que quería. Pensé que no había razón por la cuál esa gente quisiera escucharme y estuvieran de acuerdo con lo que les pedía, aunque mis demandas eran sensatas y justas. Y deduje que no tenía nada que perder.

Al principio de nuestras discusiones, el que sería potencialmente mi nuevo jefe me preguntó: "¿Qué tipo de paquete compensatorio debemos darle para que usted decida hacer un cambio y venga a trabajar para nosotros?" Yo le pasé algunas cosas específicas—salario, bonos. Y agregué: "Esto es lo que yo necesito para dejar mi empleo actual y trasladarme a su organización. He puesto todo en la balanza, y así es cómo lo veo."

Su respuesta fue: "No hay ningún problema."

Más charlas, más entrevistas, todo el mundo estaba contento, y sí, yo era la persona que ellos querían. El representante de recursos humanos me buscó en un viaje de negocios que yo hice a Texas, y me presentó la oferta de la compañía, que era menor a la que yo les había propuesto. "Tómese su tiempo, piénselo," me dijo el representante, "y díganos que le parece." Mi respuesta, en el teléfono, fue: "Pues ya lo he pensado, y mi respuesta es no." Por supuesto que fui más diplomática. Fui educada, le agradecí a la compañía por haberme considerado, pero les dije que desafortunadamente, tendría que rechazar la oferta.

Los ejecutivos de la compañía se quedaron sorprendidos, como mínimo. Me dijeron que nunca nadie los había rechazado. Yo les dije: "Entonces van a necesitar un tiempo para pensar en qué es lo que quieren hacer. Yo les esbocé la compensación que esperaba, y les expliqué la base sobre la que había formulado esta cifra."

¿El paquete que ellos ofrecían era bueno? Sí. ¿Era lo que yo pensaba que valía y la norma de la industria? No. ¿Fue fácil rechazar esta oferta? No, no lo fue, y de hecho tuve que aguantarme todo lo que la gente cercana a mí opinó sobre mi decisión. Recuerdo haber llamado a mis padres para contarles que esta organización me había ofrecido este trabajo, y ellos estaban fascinados con que esta compañía global, Fortune 500, quisiera emplearme.

Mi madre me preguntó: "¿Qué les dijiste?" Y yo le expliqué que les había dicho que no, yo quería X, y ellos me ofrecieron Y, por ende mi respuesta fue: "Disculpen, pero no lo puedo aceptar." La respuesta de mi madre fue: "¿Quién te crees que eres? Ese tipo de dinero en una compañía así, ¿quién eres tú para rechazarla?"

Hablamos un rato más, le describí mi punto de vista, pero después que colgamos, pensé: *Ay, lo último que necesito en este momento es este tipo de conversación, escuchar "¿Quién te crees que eres?"* Durante un segundo, consideré llamar de vuelta a la compañía y decirles: "Lo siento, estuve en un viaje de negocios; no pude pensar con claridad. Por supuesto que acepto su oferta." Pero luego de ese segundo, supe que tenía que seguir lo que me dictaba el corazón.

Algunos lo denominarían confianza en mí misma. Otros lo estimarían como una exageración. Yo lo llamaría confianza en Dios. Sentí que tomé esa decisión creyendo que lo que estaba pidiendo tenía que ver con Su propósito para mí. Comenzando con la noción *Soy sólo otro ser humano. No soy tan fantástica como mi ego me dice frecuentemente. Por otra parte sé que Dios me ha guiado hasta aquí. Sé lo que tengo para ofrecer, y luego de rezar y pensar cuidadosamente, le he puesto un precio al valor que siento tener para este tipo de organización.* Cuando usted comienza desde ese lugar del Espíritu, puede abordar negociaciones con una mente clara.

A muchos adultos cuyos padres inmigrantes llegaron a un nuevo país con poco o nada y se consideran lo suficientemente afortunados de poder ganarse la vida con cualquier cosa, se les hace difícil explicar cómo salieron adelante en sus carreras. A los de las generaciones más viejas nunca se les ocurriría dejar un buen trabajo o rechazar una buena oferta. Para esa generación, moverse de esa manera suena imprudente y orgulloso: *¿Quién te crees que eres?* Cuándo alguien cerca suyo lo sobrecarga de esa manera, por supuesto puede impulsarlo a tirar todas sus convicciones por la ventana. Usted piensa: *Si el resto del mundo intenta socavarme, me dice que no puedo, la gente que me ama ¿no* *debería estar de mi lado y decirme que sí puedo?* Los obstáculos externos siempre van a estar ahí, por lo tanto usted desea que por lo menos los de su círculo íntimo estén de su lado. Pero no siempre se dará así. ¿Qué hace entonces?

Yo creo que se trata de las puertas que se abren y de como uno se mueve a través de ellas y arrastra a los demás. Durante años, después de observar mi manera de tomar decisiones, mi madre se acerca y me dice: "Sabes, yo veo la fe que tú tienes y como das pasos adelante cuándo sabes que Dios tiene algo para ti. Tú no te comprometes y te vendes por menos." Y eso, a su vez, me llena de una fe aún más grande.

Por cierto, esa compañía me volvió a llamar, me dio la compensación que yo había requerido, y me ofreció el trabajo. Me mudé y me fui a trabajar para ellos, y así di otro paso adelante en mi camino.

Cuándo usted cambia de trabajo o están a punto de hacerle una revisión en su organización, su habilidad para negociar con convicción, luego de haber hecho sus deberes y estar seguro que usted está pidiendo algo razonable dentro de los límites de la industria y de su nivel de experiencia, es también, para su empleador, una indicación de su habilidad para negociar en nombre de la compañía.

En el ambiente de negocios, es totalmente posible ser una persona devota y a la vez experta con respecto a lo que le deberían pagar por su experiencia y destreza. No se sienta que está empujando si usted se ha preparado y sabe de lo qué está hablando. Como mentora, yo siempre aliento a la gente para que se hagan valer en el mercado por lo qué son. ¿Cuánto le pagan otras compañías a gente en roles similares con trayectorias similares? Lo que usted siente que le deberían pagar y lo que actualmente es la norma que se paga por lo que usted hace o el área en la cuál está entrando son dos cosas diferentes. Reúna información. Si le toca una revisión de salario y piensa que ha conseguido o excedido las expectativas de lo que se esperaba de usted en su trabajo, ponga a disposición la evidencia de su eficaz desempeño. Ármese de una presentación basada en hechos y explique por qué usted siente que sus logros sobresalientes deberían reflejarse en una compensación.

Y yo agregaría: Coloque el dinero en un lugar adecuado dentro de su vida. Las escrituras nos dicen que el dinero es la raíz de la malignidad, no el dinero en si y por si mismo. Nuestra relación con el dinero, nuestros pensamientos y lo que hacemos con él es lo que determina si éste ejerce una buena o mala influencia en nuestras circunstancias particulares. Tanto el bien como el mal pueden ocurrirles a ricos o pobres. De hecho, todo lo que amemos en mayor grado que a Dios, resultará la raíz del mal en nuestras vidas.

## Tenga Empatía—Trate a Todos como si Fuesen Clientes

Yo era cajera en Kmart mientras cursaba el colegio secundario, y la compañía tenía una promoción llamada el especial de la luz azul. Las prendas seleccionadas como saldos se amontonaban en un carrito, el cuál se colocaba en uno de los pasillos dónde comenzaba la línea del cajero, y una luz azul intermitente informaba a la gente qué pasillo era ese. El especial de la luz azul parecía siempre destinado a terminar en la caja dónde yo trabajaba, lo cuál significaba un caos general mientras docenas de compradores hacían cola en mi pasillo.

Un día, cuando el caos era un loquero total, una mujer a quién yo ya había atendido comenzó a insistir que yo le había dado mal el cambio y que le faltaba un centavo. Eran las 8:30 de la noche, la tienda cerraba en treinta minutos, y yo estaba demasiado exhausta y sin el humor adecuado como para tratar con esta persona y su centavo. La transacción con ella incluía tener que hacer toda la caja nuevamente con una fila de gente esperando. Hubo un ir y venir—ella mostrándome el recibo; yo diciéndole que tenía el centavo en su mano y si por favor no le importaría revisar nuevamente su cambio, y "¡Usted me está tomando el pelo!" Eventualmente resolvimos la cuestión. Ella encontró el centavo dentro de su cambio. Mientras se iba, me dijo: "Sabe, usted podría haber manejado este asunto con una mejor actitud." Yo le respondí: "Que tenga una buena noche."

Mi padre me estaba esperando, como lo hacía siempre, a la salida del trabajo, y yo entré a su automóvil impetuosamente. Él me preguntó que me había pasado. Yo comencé a lamentarme sobre esta mujer, quién después de haberme hecho pasar por toda esa tontería por un centavo, acabó preguntándome por qué yo tenía "esa actitud."

Mi padre me dijo algo así: "¿Sabes qué? No importa lo que pase, el cliente siempre tiene la razón. Si ella pensó que tú le habías dado un centavo de menos, era tu trabajo contar todo otra vez y demostrarle que ella estaba equivocada, y hacerlo con un espíritu que represente bien a la tienda. Y si no te gusta tu empleo lo suficiente como para que acabes agarrándotela con las personas que pasan por ahí, que son los que están pagando tu salario porque van a comprar a ese lugar, entonces búscate otro trabajo."

Por un lado puede decirse que mi padre demostró poca simpatía por lo que me había pasado, pero a la vez aprendí una gran lección. Él tenía razón. Yo no quería ser cajera en Kmart, y no mostré una disposición humilde con esta mujer tan difícil en mi caja. Él tenía razón, si yo no podía tratar a los clientes adecuadamente, si me disgustaba tanto lo que estaba haciendo como para dañar la reputación de esta tienda, entonces yo necesitaba buscarme otro tipo de empleo. No era culpa de nadie que en ese momento el único trabajo que yo había podido encontrar fuese ese, como cajera, atendiendo clientes.

Pero creo que puede haber una lección aún mayor en este concepto del cliente. Piense en toda la gente con que usted trata en el lugar de trabajo—la gente que está a su nivel, los que están por debajo, y los que están por encima suyo en los estatutos de su organización—como clientes. Usted interactúa con cada uno de ellos de una manera particular y con un fin particular. En ese caso, el cliente no necesariamente siempre tiene la razón. Pero él o ella es una persona que desea algo, necesita algo, tiene un punto de vista o cierta información para darle. Cuándo usted ve la situación de esta manera, naturalmente tendrá más empatía. Y la empatía va unida a la humildad.

## Deténgase, Dé Marcha Atrás y Reconsidere

Lo opuesto a la humildad es un orgullo inflado—el creer y estar convencido del valor y superioridad que uno posee. A veces esto se justifica; a veces es excesivo. En ambos casos las consecuencias del orgullo pueden manifestarse de distintas formas, dependiendo de nuestra personalidad. Cuándo la gente pasiva-agresiva siente que la atacan o que no la aprecian lo suficiente, puede vengarse cuándo menos se espera, de una manera súbita y quizás la más dañina. Con una personalidad como la mía, la reacción es inmediata, predecible, y explosiva: "Te las vas a ver conmigo aquí y ahora, con los dos cañones." Cuándo termino de descargar mis cañones, siempre me quedo ahí sentada pensando que ese fue un pobre testimonio de la vida y carrera guiada por el Espíritu y que necesito pedir perdón aún otra vez. Recuerdo un par de instancias.

Una vez me tocó dirigir un equipo, yo tenía una dirección muy clara de lo que quería hacer con un proyecto—planes específicos, ejecuciones específicas, un itinerario—y todos nos pusimos de acuerdo. Dos meses ya dentro del proyecto, un miembro del equipo—de sopetón—decidió agregarle un pequeño giro al rol que tenía asignado, y eso a su vez, hizo que lo que los demás estaban haciendo diese otro pequeño giro. Pero nadie me lo hizo saber. Por ende, mientras yo les reportaba a los superiores de mi organización sobre nuestro progreso, me encontraba operando bajo presunciones inexactas. Me di cuenta de esto, cuándo uno de mis superiores me llamó y me dijo: "¿Podría ponerme al día con cómo va desarrollándose este proyecto? Porque acabo de oír..." y prosiguió describiendo estos nuevos giros de los que yo no sabía nada. Me quedé sentada ahí sintiendo como me emergían el orgullo, el ego y la furia. Yo estaba ciega de ira.

En otra ocasión, supe que mi jefe le había dado una tarea a uno de mis colegas—cuándo yo era la persona que dirigía el departamento. Mi orgullo, ego y furia emergieron nuevamente.

En cada uno de estos casos, y en otros momentos de este viaje que es mi carrera, me encontré inmediatamente enviando correos electrónicos o llamando por teléfono demandando explicaciones: "¿Qué es lo que está ocurriendo aquí? ¿Por qué me tengo que enterar por X de lo que está pasando? No es lo que arreglamos. Si estamos haciendo cambios, al menos alguien tendría que tener la decencia de informarme. Esto es totalmente inaceptable." La frustración era justificable. El orgullo era comprensible. Sí, alguien se había tomado demasiadas libertades, y como resultado me habían dejado de lado intentando responder preguntas sobre cuestiones de las cuáles yo no sabía nada. Pero escuché mi propia voz y vi mis propias palabras enviadas desde mi computadora a la computadora de un colega, y reconocí mi tono de combate. Yo estaba en tren de ataque.

Desde ya, esta actitud nunca es buena o productiva. A nivel práctico, este tipo de reacciones inevitablemente nos consumen y nos llevan a combates verbales o campos de batalla mientras los verdaderos asuntos no llegan a resolverse adecuadamente. A nivel espiritual, este tipo de comportamiento no tiene justificación. Una de las cosas que sé es que, ante los ojos de

Dios, yo soy responsable por mis acciones y reacciones. Se dice que el orgullo viene antes de la destrucción, y un espíritu altanero antes de una caída. Cada vez que reacciono por orgullo o soberbia porque creo que la verdad y la justicia están de mi lado, el resultado me decepciona. Y me alejo del camino espiritual. En la vida, cuándo provenimos desde el orgullo o el ego, nunca logramos resultados positivos. Nunca. Un árbol malo nunca producirá buena fruta.

Por eso estoy aprendiendo—reaprendiendo y reaprendiendo—a detenerme, dar marcha atrás, y respirar hondo. Pensar. Considerar qué es lo que más me gustaría lograr y cuáles son las acciones que me harán arribar a esos logros.

Para dar marcha atrás se necesita mucha humildad.

## Respete al Experto Cuando y Dónde lo Encuentre

"No puedo creer lo que son algunos de estos chicos que recién ingresan a este negocio," dice Maureen, quién trabaja para un estudio de edición en el área de cine publicitario. "En principio, creen que lo saben todo. No tienen nada que aprender. Luego, no comprenden por qué tienen que poner un día entero de trabajo en la oficina. Eso les parece antiguo. Su actitud es que ellos pueden trabajar desde su casa, o llevarse sus pequeños ordenadores portátiles a Starbucks y hacerlo desde ahí. Y por último, sienten que en un par de años ya deberían estar ocupando un puesto alto. Sus expectativas de cuán velozmente deberían ascender son totalmente irrazonables.

"Ese tipo de arrogancia simplemente me asombra. El otro día estábamos en una reunión repasando algunas cuentas, y un muchacho comenzó a decir, 'A través de mi experiencia,' y prosiguió dando su inflada opinión sobre esto y aquello. Y yo estaba sentada ahí pensando, *¿Tu experiencia? Hace sólo dos años que saliste de la universidad, estás sentado en una mesa con gente alrededor que hace veinticinco años o más que está en publicidad, y nos estás hablando sobre tu experiencia?*"

Maureen dice que comprende que hay una generación de empleados más jóvenes que ha crecido de una manera diferente a la de la vieja guardia. "Estos son chicos que siempre tuvieron computadoras, Internet, juegos de computación, MTV. Ellos no entienden la jerarquía y las estructuras porque su mundo siempre ha sido global, en la red, y su juventud exaltada y premiada en los medios. Sus puntos de referencia son completamente distintos. La forma en que ven la vida, la cultura y el mundo es diferente. Quizás por primera vez en la historia exista la mezcla de estas dos generaciones tan distintas en un mismo lugar de trabajo."

Ella no piensa que esté del todo mal. "Algunos de estos jóvenes, muchos de ellos, no vienen con las mismas limitaciones o bloqueos o estereotipos. Están rediseñando la manera de trabajar, y eso produce entusiasmo. Yo puedo aprender algo de ellos. Pero ellos también pueden aprender algo de mí. Ese es el elemento que se ha dejado de lado. No hay humildad."

Yo comprendo lo que ella está tratando de expresar. Una de las cosas que yo he visto desarrollarse durante mi carrera es la falta de respeto por los individuos que pueden aportar su maestría a cierta área de trabajo. Hoy en día, todo el mundo es dispensable. Es verdad. Yo siempre trabajo como si fuese dispensable, porque de hecho lo soy. La compañía en la cual me hallo puede emplear a otra persona que posea las mismas habilidades para hacer lo que yo estoy haciendo. Pero es ahí adónde yo creo que la llamada entra en juego, o lo que describí anteriormente como la noción espiritual de ser designado especialmente y en forma única. Digamos que diez personas saben lo suficiente como para conducir un departamento, pero quizás una sola de ellas haya sido llamada espiritualmente para estar en ese empleo y esa compañía en ese momento. Sólo una de ellas tiene esa combinación de cualidades que pueda lograr implementar resultados de un éxito único. Sólo una fue bendecida y designada.

Ser inteligente vale. La juventud también vale. Pero no

hay substituto para la experiencia, ni para los procesos que nos conducen a una visión e intuición más aguda en la escena del trabajo. Sumar experiencia lleva tiempo. Yo raramente—ni siquiera hoy en dia—usaría una frase como "a través de mi experiencia..." en una reunión. Tengo consciencia de que siempre hay alguien con más experiencia que yo.

*D*ÉJENME COMPARTIR una historia máscon ustedes, sobre una mujer que cuenta cómo se topó con la idea total de la humildad—qué le significó y cómo se vio obligada a adquirir una buena dosis de ella.

Jackie era editora de una revista nacional de viajes. Ella hizo ese trabajo durante quince años, y le encantaba. "Yo pensaba que tenía el mejor trabajo del mundo," dice. "Imagínese. Un día me encontraba en Grecia, recopilando información para una nota sobre hoteles, restaurantes y playas en las islas de Sámos y Kos. Quizás un mes después me encontraba mirando ruinas Romanas en Malta. O estaba en la Patagonia. ¡Y yo no tenía que pagar nada de esto!"

Hace cinco años la revista para la cual trabajaba Jackie entró en graves problemas. La sección de viajes sería eliminada, excepto algún artículo ocasional, que en el futuro podría ser suministrado por alguien fuera del equipo. Jackie se había quedado sin trabajo. Cómo ella tenía mucho conocimiento y experiencia para ofrecer, decidió montar su propio negocio, convirtiéndose en consultora de industrias de turismo para países extranjeros y coordinadora de excursiones para gente que quisiese tomarse vacaciones.

"Yo pensé que sabía lo que estaba haciendo," dice. "Y descubrí que no estaba para nada preparada para este cambio de 180 grados, desordenado y caótico, otra forma de trabajar—un cambio de vida, realmente. En la revista, todo el mundo me solicitaba. Obviamente, era excelente publicidad el ser mencionado en la revista, y todo tipo de gente, organizaciones y grupos me halagaban constantemente. Yo era la compradora y ellos querían venderme algo. Y así pude experimentar mi propia importancia durante aquellos años, el poder que tenía de hacerle el día a alguien al decidir incluirlo en alguna nota o historia.

"Cuando inicié mi pequeño negocio, yo venía de aquel lugar mental y espiritualmente y se me dio vuelta todo. Ahora estaba tratando de que otra gente comprara lo que yo vendía. Y muy a menudo, al principio, no compraban nada. Pasó un tiempo y caí muchas veces hasta que me di cuenta que tendía a espantar a la gente si ellos no se daban cuenta, inmediatamente, lo fantástica que era yo. Me resentía rápidamente. Si alguien no me respondía un llamado, me olvidaba de esa persona.

"Tuve que aprender sobre la humildad, y no la falsa

humildad si no la verdadera. Acudí a una mujer que había estado conduciendo un tipo de negocio similar durante mucho tiempo, y ella me brindó muy buenos consejos. Tuvo una actitud maravillosa y muy generosa. Me puse como propósito seguir a las personas a las qué había abordado, mandándoles recortes o novedades que pensaba les gustarían. En lugar de sentarme frente a mi computadora y esperar que el mundo viniese a mí, comencé a reunirme con esta gente en sus oficinas o tiendas. Nos sentábamos y charlábamos. Intenté comprender mejor lo que necesitaban y lo que realmente estaban buscando. Les dejaba notas o mensajes agradeciéndoles por haberme otorgado su tiempo."

Jackie dice que todo esto sumó a la lección que ella aprendió sobre el poder de un espíritu humilde. Su negocio está funcionando bien.

## Recuerde que Dios Nos Ha Enseñado el Camino a la Humildad

En todo ser humano hay una parte que busca a Dios, que desea alcanzar una relación con Él. Sin embargo, el problema reside en que nuestro propio instinto humano nos dice, "Creo en Dios, pero no es Dios a menos que yo logre encontrar esa relación en mis términos." Para mí, debemos volver a la humildad y poder arrodillarnos, bajar la cabeza, y decir: "No se trata de mí; se trata de Ti, Dios."

En el trabajo, quizás este mensaje signifique: "No se trata de mí; se trata de todos nosotros."

Al principio de este capítulo, dije que la humildad no está valuada entre las cualidades que se necesitan para una carrera exitosa, no de acuerdo a lo que nos dicen los fanfarrones del mundo de los negocios. Pero es evidente que las cosas están cambiando, a medida que las organizaciones aprecian más el modelo de gerencias de negocios denominado *"servant leadership"*, liderazgo del servicio. Un programa de noticias de televisión condujo un debate con un título que decía "¿Pueden la humildad y la fe servir para los negocios?" ¿Es que Jesús acaso fue el último CEO? En la demostración más poderosa de humildad que se ve en las escrituras, Él les lavó los pies a sus discípulos. Hoy en día, muchos líderes corporativos afirman que los valores espirituales, sin dogmas religiosos— incluyendo aceptar lo que no se sabe, hacer preguntas y ser agradecido—es lo que más sirve para los negocios.

*Mis reglas para*
## PRACTICAR LA HUMILDAD:

- Acepte lo que usted no sabe y pida ayuda.

- Ejecute las cosas pequeñas cómo si éstas fueran tan importantes cómo las grandes.

- Entienda adónde se haya la gente y encuéntrelos ahí.

- Elogie cuándo el elogio es merecido.

- Tenga emptía—trate a todos como si fueran clientes.

- Deténgase, dé marcha atrás y reconsidere.

- Respete al experto cuando y dónde lo halle.

- Recuerde que Dios nos ha enseñado el camino de la humildad.

# CUATRO

# Integridad

*Haciendo Todo para Dios*

LA INTEGRIDAD SE PUEDE VER cómo algo que se hace cuando nadie está mirando. Ser honesto, saber que significan el bien y el mal e inclinarse hacia el bien, reconocer los errores personales, demostrar compasión—estos pueden ser desafíos reales en el lugar de trabajo porque frecuentemente es fácil y tentador deslizarse bajo la mesa. Muchas veces es verdad: Nadie está mirando. Nadie se enterará si usted actuó con integridad.

Cuando comienza el día, cuando mis pies tocan el suelo, los únicos ahí somos yo y Dios. Al final del día ocurre lo mismo. Él está mirando, aún cuando la gente en el mundo suyo no lo esté. ¿Entonces, qué piensa hacer con eso? Comience con la noción de que está haciendo todo para Dios y la respuesta le será clara.

## Trace Su Línea Moral en la Arena

En el capítulo anterior hablé sobre entender adónde se halla la gente. Para mí, a veces eso ha significado reunirme con los muchachos—mis únicos colegas de aquel momento—en excursiones de caza o pesca.

Repito, en algunos trabajos, cuando yo era la única mujer en un equipo de ocho o nueve, nos juntábamos cada tantos meses y participábamos de reuniones nacionales. Después de las charlas, el grupo salía a cenar y terminaba el día en un bar de deportes. Participar de reuniones en bares no es lo mío. Pero, a veces es necesario asistir a una cena y luego partir. Aún hoy hago eso. Me gusta hacerles sentir a mis compañeros de trabajo que soy parte del grupo, y esto no significa que necesite participar tomando excesivamente o comportándome de manera estrepitosa. Simplemente, no es lo mío. No compro la idea de que porque uno esté en un evento semi-social o de semi-negocios, tenga que haber un paréntesis en el tiempo—como si ese momento no contara, como si Dios no estuviera mirando. Es como caminar en una cuerda floja.

Una mujer describe su oficina como "un ambiente de una liviandad moral depravada." Angela trabaja para una compañía de diseño gráfico. "Mi título es el de asistente administrativa del presidente. Mi rutina es trabajar con papeles. No estoy envuelta en áreas más creativas. Está bien. No tengo un enorme deseo de hacer otro tipo de cosa. El trabajo me sienta bien ya que me paga decentemente. Puedo ir caminando y es estrictamente de nueve a cinco. Participo como voluntaria en muchas otras actividades propias, por lo tanto lo único que quiero es ir a la oficina, hacer mi trabajo, e irme."

Poco después de ingresar a este empleo, Angela se dio cuenta del tipo de socialización que existía entre sus compañeros de trabajo. "Hay muchos jueguitos—en realidad, muchos duermen juntos. Mi jefe es un hombre joven, de treinta y largos, muy buen mozo, soltero. Durante mi primer mes ahí, salí un par de veces después del trabajo con todos, ya que ésta parecía ser la rutina. Hay un bar justo debajo de nuestro edificio, diversas personas de la oficina paraban ahí a tomar un trago, y algunos seguían de bar en bar. Yo no quería parecer una esnob, y decidí juntarme con ellos a tomar un vaso de vino. La segunda tarde, me sorprendió ver a mi jefe y Merri, otra asistente, colgados uno del otro. Y de repente realicé: *O, entre estos dos hay algo sexual ocurriendo.*"

A medida que pasó el tiempo, Angela fue testigo de pequeñas escenas y escuchó fragmentos de información que le hicieron saber que aquel no había sido sólo un momento aislado. "Yo pense: *Mi jefe no es casado, Merri no es casada, ninguno de los dos está engañando a nadie.* Y no tiene nada de malo salir con alguien con quién uno trabaja. Claro está, ocurre todo el tiempo. Pero se debe ser discreto, y estos dos no lo eran. Y ahí comencé a notar que eran muchas las personas que se comportaban de manera ligera en ese lugar.

"Uno de ellos, Theo, es vice presidente. Tiene también treinta y largos, y es casado. Su esposa acaba de tener su segundo hijo, y el ha estado teniendo una relación extra-matrimonial con una mujer que trabaja en la oficina desde hace dos años. Ella aparece de vez en cuándo, y ambos desaparecen durante toda la tarde. Me lo contó una compañera de trabajo que le encanta sacar a la luz los chismes sucios de los demás."

El comportamiento que Angela veía a su alrededor le parecía de muy mal gusto. "No me gusta. No me gustan los hombres como Theo. Pero en esta atmósfera se justifica, y se filtra desde arriba hacia abajo. Esta es una compañía pequeña y privada. El presidente, mi jefe, es el hijo del fundador. Ninguno tiene que rendirle cuentas a nadie. Entonces, lo que yo me preguntaba era, *¿es este comportamiento tan ofensivo como para que yo no siga aquí?* Era un trabajo suave, y definitivamente yo no quería dejarlo, por ende decidí tratar de manejarlo de otra manera. *Si me quedo aqui ¿formaré parte del mismo alquitrán? ¿Cómo puedo quedarme, y a la vez hacerles entender como me siento, sin dañar la relación con mi jefe y sin parecer que soy una beata?"*

Angela tuvo que confrontar el desafío de trazar su línea moral en la arena, estando en un ambiente al cuál no pertenecía. Es muy duro. Esto está dirigido directamente al centro de cómo vivir el principio de la integridad mientras usted se encuentra en un lugar de trabajo real tratando de ejecutar su trabajo. Ella dice: "Adopté la noción de 'no ver el mal, no oír el mal, no hablar del mal.' No es tan difícil evadir los tragos después del trabajo yendo de bar en bar. Comencé a rechazar sus invitaciones—de buena manera—y luego de un tiempo dejaron de incluirme. Se hicieron a la idea de que Angela no era fiestera. A lo mejor yo no les parecía divertida, pero no me importaba. La parte más difícil fue conseguir que no me cuenten más chismes."

Cuándo Merri, su compañera de trabajo, comenzaba a contarle lo último sobre Theo y su novia, Angela sonreía y se quedaba callada. "Esto no terminaba de funcionar, por ende finalmente le dije algo así '¿Sabes qué Merri? Creo que es mejor que no nos metamos en este tipo de cosas. Me siento algo incómoda escuchando todo esto e interfiere en la relación con mi jefe, estoy segura que entiendes cómo me siento.' Hubo un pequeño enfriamiento entre nosotros pero podemos convivir."

Desde ya que hay maneras de manejar situaciones delicadas de este tipo sin quedar como alguien que emite juicios y quiere dictar como vivir de una forma inmaculada con un comportamiento impecable. Su relación con Dios le pertenece en su totalidad; Dios no requiere que usted arrastre a los demás, y de cualquier forma eso nunca funciona. Pero pienso que dejar en claro su posición moral a través de un comportamiento educado pero determinado puede tener un efecto dominó en el vecindario. Es probable que cuánto menos meta las manos en la masa mejor productividad obtenga.

## Sostenga Conversaciones Difíciles, Si las Razones Son Buenas

Actuar con integridad tarde o temprano lo arrastrará a tener conversaciones dificultosas, de esas que usted daría cualquier cosa por evitar.

Cuándo yo recién estaba comenzando, algunas de las conversaciones más duras que tuve estuvieron relacionadas al trabajo que me demandaban por pertenecer al género femenino y por mi formación cultural. Yo me convertí en la experta de facto en mujeres y latinos ya que era la única ahí perteneciente a ambas categorías. Por lo tanto, cada vez que surgían asuntos relacionados con reclutar latinos y mujeres o alrededor de algún segmento del mercado latino, la gente me pedía ayuda. Y esto era muy bueno, ya que en una escena corporativa uno ansía que le den tareas que nos permitan "estirarnos" y demostrar cuán versátiles podemos ser.

Pero frecuentemente eso me llevaba una cantidad

de tiempo enorme. Recuerdo varias ocasiones en que yo hacía mi trabajo sumado al trabajo que podría haber tenido otra persona. Es ahí cuándo se debe operar con sabiduría. *¿Quiero arruinar la oportunidad de que me vean como alguien que puede hacer más? No. ¿Quiero hacer peligrar mis responsabilidades actuales? Decididamente no; mis responsabilidades actuales son la razón por la cuál fui empleada. ¿Estoy haciendo el trabajo de dos empleados a la vez? Sí. Entonces, ¿cómo hago para expresar mi preocupación?*

Una compañía para la cuál trabajé había operado y tenido negocios en Cuba antes de la revolución. Ahora, el gobierno de Cuba estaba acudiendo a mi firma a través de organizaciones religiosas persuadiéndolos para que continuaran entregándoles algunos de nuestros productos como parte de una ayuda humanitaria. Un día sonó mi teléfono, y así fue como me vi envuelta en una tarea forzada en el perímetro de un área que nada tenía que ver con mi trabajo. Era natural, ya que yo aún tenía contactos en el sur de Florida que me quedaban de mis días de defensa de intereses. Pero realicé que era hora de tener esa conversación difícil con mis jefes. Esencialmente, esto incluía decirles: "Yo puedo tomar estas tareas adicionales, pero me van a detraer de la asignación para la cual ustedes me emplearon, mi trabajo. Yo no puedo continuar haciendo mi trabajo y también atender llamados telefónicos en conferencia de dos a tres horas varios días por semana. Exactamente, ¿cuál es el rol que ustedes quieren que yo ocupe aquí? ¿Hay alguna forma de detener momentáneamente estos asuntos? ¿Hay alguna manera de que otro individuo pueda manejarlos?" La alternativa era seguir haciendo ambas cosas, pero no hacer ninguna de las dos bien o con la mejor de las habilidades que yo poseía, ¿eso era correcto?

Éstas son conversaciones bien duras. Es preciso ser audaz.

Usted también puede formar parte de un liderazgo y aún así tener que confrontarse con una conversación difícil—y fallar, no saber tomar el toro por las astas.

El siguiente es un ejemplo de evadir lo inevitable y dificultar aún más las cosas.

Phyllis trabajaba para una compañía que exportaba joyas. La conversación difícil que no estaba ocurriendo tenía que ver con una joven asistente en su departamento. Phyllis dice: "Éramos tres tasadores y Ann, nuestra asistente. Muy inteligente, recién graduada de Harvard. No tengo idea por qué esta muchacha tomó ese trabajo. Su aspiración era escribir ficción. No tenía ningún interés en nuestro negocio, lo cuál no estaba mal, el problema provenía de que ella no se ocupaba de él.

"Su trabajo, una rutina bastante aburrida, se iba apilando. Ann tenía frecuentes conversaciones personales por teléfono. Era una joven muy emocional, y se manifestaba a través de estallidos histriónicos. La mitad de su escritorio estaba tomado por cuentos cortos que aparentemente estaba procesando e intentando escribir. No pasó demasiado tiempo hasta que se hizo claro que tenía que irse."

Phyllis había estado en la compañía menos tiempo que sus dos colegas, por lo tanto sintió que la confrontación con Ann, la delincuente, debía ser manejada por alguna de ellas. "Nos pusimos de acuerdo en que no estaba funcionando. Pero mis dos asociadas abordaban este embrollo de diferentes maneras. Lee estaba simplemente furiosa con ella y prácticamente no le hablaba. Muchas veces cerraba la puerta de su oficina de un golpazo para no tener que escuchar a Ann en el teléfono. Creo que ella sentía que esa era una manera de mandarle un mensaje de desaprobación. Hazel, por otro lado, había adoptado una actitud maternal. Ella pensaba que Ann era una joven atribulada que no se llevaba bien con su madre, el cual era aparentemente el caso, y Hazel le proveía el ánimo necesario y apaciguado que Ann necesitaba para centrarse y devenir un miembro funcional en el equipo. De manera que Ann y Hazel se encerraban frecuentemente en la oficina de Hazel, dónde Ann se desahogaba contando sus horrorosas historias."

Nada cambió. Phyllis decidió que la pelota estaba de su lado, por omisión. "La llevé a Ann a almorzar. Luego de una amable charla, le hablé del tema. Le dije que el trabajo no estaba funcionando y que la posición no era apropiada para ella. Ella me miró fijamente. Luego, por alguna extraña razón, le pregunté si alguna vez había considerado una carrera como docente; que quizás la disfrutaría. Para mi horror, ella se largó a llorar."

Eventualmente, se tomó acción. Las tres asociadas se sentaron con su asistente, y Ann dejó la compañía.

Despachar un empleado nunca es fácil. Y a medida que pasa el tiempo, se torna aún menos fácil, ya que de hecho las relaciones de trabajo interpersonales pueden volverse más turbias. Phyllis dice: "Esta joven estuvo en ese empleo durante un año, lo cual es alrededor de once meses más de lo que debería haber estado. Todos sufrimos. Esto provino de una falla de voluntad que nos impidió ejecutar algo difícil."

Este tipo de conversaciones dificultosas son un escollo para la mayoría de nosotros. Para mí, el estilo "llamo cada cosa por su nombre," es aún hasta hoy, absolutamente demoledor, el tener que discutir con cierta gente porque las cosas no están funcionando, porque se están desempeñando pobremente, y demás. A nadie le gusta herir a otro ser humano que pueda estar pasando por algún tipo de estrés en la vida. Yo paso un tiempo rezando antes de meterme en alguna de estas necesarias, inevitables y dificultosas conversaciones, de manera que pueda hacerlas con sabiduría, justicia e integridad.

No siempre funcionan cómo quisiéramos. Pero fíjense en el Eclesiastés: hay un tiempo para todo—tiempo para la guerra y para la paz, tiempo para el amor y para el odio. En el camino de toda carrera, hay un tiempo para ignorar ciertos asuntos y trabajar con una persona que se desempeña mal, pero también hay un tiempo para darle final a ciertas cosas.

## Ofrezca y Pida una Observación
### Abierta y Sincera

La apreciación a menudo crea conversaciones dificultosas. Pero creo que el trabajo bueno y servicial se demora porque la gente tiene problemas en ser directa. El hablar abruptamente no es tan fácil, ya que pueden surgir un sin fin de cuestiones.

Las compañías están más sensibilizadas hoy en día con las posibilidades de juicios. Todos se cuidan de lo que dicen y a quién se lo dicen. Un hombre proporcionándole una apreciación a otro hombre resulta una conversación muy distinta que la que un hombre puede tener con una mujer. En el escenario hombre-mujer, es muy probable que él no sea tan franco; seguramente dará vueltas y vueltas alrededor del asunto. Yo he tenido conversaciones que finalmente me han impulsado a parar a mi colega y decirle: "Lo siento, probablemente sea yo, pero no estoy entendiendo exactamente lo que está intentando comunicarme. Sé que se trata de alguna idea que seguramente podría ser potencialmente beneficiosa para mí, pero se me hace difícil entenderlo. ¿Por qué no me dice lo que realmente está pensando, y luego vemos como lo arreglamos?" A veces algunos individuos tratan de ser tan cautelosos y políticamente correctos que sus mensajes se pierden.

En una reunión de liderazgo a la que asistí, surgió una discusión sobre un hombre de cierta área en particular concerniente a un plan de revisión y sucesión. Él estaba bien visto, pero el grupo no parecía apoyar su promoción en un 100 por ciento. Finalmente, un hombre expresó una de las razones. "Fred es un gran tipo, muy inteligente," dijo, "pero su conducta no es apropiada. Él luce terriblemente mal. No se viste correctamente. Su porte no produce una buena impresión."

Otro de los que estaban alrededor de la mesa dijo, "Bueno, ¿pero se lo has comunicado a él?" Y el jefe de Fred respondió: "No, pero he tratado de sugerirle algunas cosas sutilmente. Pero ¿cómo se le habla a alguien sobre la manera en que luce, o la ropa que usa?" Si a Fred no se le comunicaba que no vestía apropiadamente, nunca avanzaría en su carrera, y el pobre no tendría ni una sola pista de por qué esto estaba ocurriendo. Esa es una situación sin salida.

Eventualmente la conversación con Fred tomó lugar.

De hecho, la compañía le ofreció pagarle un breve programa de orientación y entrenamiento en el área de lo que percibía como sus deficiencias. Todo funcionó de maravillas, y enseguida se notaron grandes cambios en el desempeño de Fred.

Facilitar una apreciación abierta y honesta a los demás sobre lo que no está funcionando, es, para mí, un reflejo de cortesía y compasión. Denota resistirse al instinto muy humano de barrer un asunto delicado debajo de la alfombra, mirar hacia otro lado, o postergarlo.

## Tome la Crítica tan Bien como el Aplauso

La integridad incluye, de su parte, hacerse cargo—del bien, del mal y de la fealdad.

Si se le otorgan responsabilidades, usted debe responder ante los fracasos, además de los éxitos. Llévese el crédito en ambos casos, cuándo las cosas van mal y cuándo van bien. Yo les he dicho a mis equipos: "Yo no voy a participar sólo del éxito. También me haré responsable cuando haya fracasos. Y me siento bien así, porque ese es mi rol. Esto significa que no estoy aqui sólo para felicitarlos, si no también para señalarles lo que no está funcionando, ya que estamos en esto juntos."

De hecho, he estado reflexionando sobre este principio en años recientes y de alguna manera, he cambiado de pensar: Cuando tenemos éxito, el éxito es de todos; cuando fracasamos es mi deber pararme y sufrir el choque de las consecuencias negativas. Encuentro que es mucho mejor manejar las cosas de esta manera.

## Haga lo que Dijo que Iba a Hacer Cuando Dijo que lo Iba a Hacer

Jenny dejó su trabajo en la oficina para hacer algo propio. Ella se sentía increíblemente entusiasmada y terriblemente nerviosa a la vez. Ella dice: "Esto es algo que he deseado probar desde hace años. Siempre he sido hacendosa con mis manos. Hago guirnaldas para puertas, arreglos de flores secas, papel para envolver estampado. Hace un par de años, comencé a hacer tarjetas para regalos con hojas impresas en el frente. Todo tipo de cosas así. Se las obsequiaba a mi familia y amigas. Luego comencé a vendérselas a las mujeres con quienes trabajaba en la oficina, y me encontré haciendo un lindo negocio.

"Yo tenía algunos ahorros. Y cuando murió mi abuela y me dejó algo de dinero, me dije: 'Ahora o nunca.' Pensé en pasarme un año trabajando en mis artesanías todo el día. Mi sueño era abrir una pequeña tienda, quizás en el sótano de mi casa."

Ella tenía un amigo que había tomado un camino similar exitosamente hacía unos años, y que fue el que la alentó a dar este salto empresarial. "Scott poseía toda la información que yo no tenía. Yo sabía adónde comprar mis materiales, pero no conocía los detalles sobre campañas de marketing, empaquetamiento, como abrir una página web y quizás también vender a través de ese medio. Él prometió ayudarme con todo esto. Y sé que tenía la voluntad de hacerlo. No había problemas de competencia entre nosotros, nada de 'eso. Su trabajo es completamente distinto al mío. Pero hay momentos en que él desaparecía durante semanas. Prometía enviarme alguna información, quizás un número de teléfono o direción de Internet que yo pudiera necesitar, pero simplemente no lo hacia."

Jenny cuenta que lo más frustrante es el hecho de que su amigo raramente responde a mensajes o correos electrónicos que ella le deja. "Yo me hice un pequeño plan cuando comencé este negocio hace un año. Quizás suene demasiado extravagante pero yo me diseñé un esbozo como itinerario. Scott me estimuló. Y me resulta irritante no poder cumplir con mi itinerario en la práctica por no lograr conectarme con él. De repente él reaparece, y recibo algún correo electrónico con cualquier excusa de por qué no estuvo en contacto. Una vez me dijo que su hermana estaba enferma y que tenía que irse a su casa en Oregon a verla. El mes pasado, me dijo que su socio había estado muy enfermo durante un tiempo. Yo sentí que él me estaba mintiendo. Y además, me parece que es cuestión de buenos modales, un correo electrónico debe contestarse aunque sea para decir que no se tiene demasiado tiempo en ese momento."

Es de mala educación no responder a los mensajes relacionados a negocios. Cuando ocurre repetidamente, no es solo cuestión de mala educación si no que también puede dañar su reputación. La integridad en el trabajo se demuestra entregando las asignaciones a tiempo, respondiendo llamadas telefónicas, haciendo lo que dijo que iba a hacer cuando dijo que lo iba a hacer. Jenny tiene un buen punto: Aunque usted se vea imposibilitado a cumplir con lo que alguien le requirió—no tiene la información, no ha tenido tiempo de investigar el asunto o deducir las respuestas—al menos permanezca en contacto. Hágale saber a la otra persona que usted está intentando, que está encima de la cuestión requerida y que le escribirá en cuánto pueda.

A todos nos suceden cosas inesperadas. La vida se entromete constantemente. La gente se enferma, pero ¿es un familiar enfermo una obstrucción genuina o una excusa ineficaz?

¿Le daría usted excusas a Dios?

## Asegúrese de que sus SÍ Signifiquen SÍ
## y sus NO Signifiquen NO

He hablado sobre el significado del valor que usted posee para una compañía—el ponerle precio a sus habilidades y demandar lo que usted realmente vale. Cuándo no le ofrecen lo que usted vale, o las facilidades razonables que usted requiere no le son otorgadas, tome acción. No dar el brazo a torcer significa integridad. Creo que la falta de integridad se demuestra cuando usted da marcha atrás, se rinde, se encoleriza silenciosamente o emite vagas amenazas sin la suficiente fuerza ya que usted no tiene la intención de llevarlas a cabo.

Recuerdo un trabajo que tuve cuando comencé mi carrera. Después de haber estado en ese rol durante tres años, me arrimé a mi jefe para hablarle de mi futuro en la compañía. Le dije algo por el estilo: "Yo he sido exitosa; usted me ha clasificado entre los mejores de nuestro equipo nacional, así que obviamente se siente satisfecho con mi trabajo. Ahora podría comenzar a entrevistarme para otras posiciones—quizás en nuestra oficina de D.C., quizás en el extranjero. Tengo el enorme deseo de trabajar en otro país y de usar mi capacidad de hablar otro idioma."

Él fue flexible. Comencé a hacer entrevistas dentro de la compañía, y les agradé para un puesto en Buenos

Aires. Yo estaba entusiasmada con esto, pero la posibilidad se disipó cuando la organización ordenó congelar todas las posiciones internacionales. Yo volví a mi jefe y le pregunté si, con un mínimo, yo podría mudarme a la oficina de una ciudad vecina. Era una ciudad más grande, con más vida, y pensé que me ofrecería más diversiones fuera del trabajo que la pequeña ciudad en que me hallaba en aquel entonces. Su respuesta fue: "Me gustaría poder hacerlo pero ya he usado el presupuesto que tengo para hacer este tipo de cambios enviando a Jake a Texas."

Yo: "¿En qué anda Jake? Él ya vive en ese estado; ese es su mercado preliminar."

Jefe: "Claro, pero él trabaja en Fort Worth y su esposa e hijos están en Houston, y él pasa demasiado tiempo lejos de ellos. Así que lo vamos a instalar en Houston."

Jake no estaba tan bien clasificado como yo en términos de trabajo. Por lo tanto lo miré a mi jefe y le dije: "Está bien, comprendo." Con eso quise decirle: "Entendí el mensaje."

Por suerte, me habían surgido otras oportunidades en ese tiempo, y yo había estado rezando para tratar de entender los pasos que debía seguir si la respuesta fuese lo que yo pensé que iba a ser. Escribí mi renuncia y se la envié a mi jefe. Su respuesta fue que me tomara un avión y volviera a mi oficina con una copia de la renuncia. El intercambio fue el siguiente:

Jefe: "¿Qué quiere decir ésto?"

Yo: "Pues, esa es mi renuncia."

Jefe: "Debe estar bromeando. Hay decenas de personas que amarían tener la posición que usted tiene aquí." (Esto no es literalmente lo que él me dijo, pero no puedo imprimir las palabras exactas.)

Yo: "Bueno, eso me hace sentir mejor. Entonces no se va a quedar con un escritorio vacío demasiado tiempo."

Jefe: "Tengamos una charla."

Yo: "Ya hemos conversado sobre esto. Hemos debatido el desarrollo de mi carrera durante los últimos tres meses. Si lo que usted me está diciendo es que no puede encontrar 4.000 dólares en su presupuesto para transferirme, está determinando cuánto valgo yo para esta compañía. Está bien. Por lo menos me queda todo bien claro, estamos en la misma página."

Encontré otro empleo en otra organización. ¿Y el empleo que yo dejé? Le llevó a la compañía al menos nueve meses suplantarme.

Creo firmemente en lo siguiente: Nunca amenace con que se irá. No hable de eso. Las amenazas son contraproducentes y debilitan su credibilidad. Se lo empieza a conocer como un insatisfecho crónico, y eso jamás lo lleva a buen puerto. Haga todo lo posible y necesario para que una situación funcione. Rece, rece y rece. Cerrar una puerta que Dios le ha abierto y aún no le ha ordenado a cerrar no es una buena idea. Pero una vez que tenga la certeza de que cierta situación no tiene arreglo, haga sus valijas y váyase. No hable por hablar; a veces es necesario marcharse.

Ciertamente no quiero parecer una despreocupada, como si los trabajos nuevos y mejores estuviesen siempre tan cerca de una o dos llamadas telefónicas. O como si no hubiese que considerar la inversión que debe hacerse en la carrera, las responsabilidades familiares, problemas de dinero—todas esas cosas tan reales de la vida—que entran en juego. Pero si usted está enchufado trabajando un montón bajo una nube de miseria y resentimiento, su oído no esta afinado a lo que Dios le está diciendo.

En el mundo corporativo, especialmente, se arman cuestiones difíciles repetidamente, de maneras sutiles y nefastas. Hay gente que no apoyará sus esfuerzos. Algunos no se entrometerán en su camino, pero tampoco ayudarán. Habrá gente que le dirá que lo va a apoyar pero trabajará en contra suyo a sus espaldas. Y también habrá gente que no lo apoyará y trabajará activamente en contra suyo.

A pesar de que el poder de un individuo puede dañar su posición, recuerde que es Dios el que está en control. Él es más grande que el matón de la oficina. Aunque ese matón quiera hacerle daño, no hay nada que ella o él puedan hacer sin el consentimiento de Dios. Se trata sólo del estorbo que usted tendrá que combatir diariamente. Es ahí dónde yo comienzo a rezar: *Dios, ¿estás permitiendo esto por alguna razón? ¿O es este un signo de que es hora que yo me vaya de aquí? ¿Y qué otra puerta estás por abrirme?* Ésta es una oración crítica. Hay momentos en que Dios nos deja pasar por períodos difíciles, para que podamos crecer, por lo tanto es importante entender la diferencia. Por cierto, ¿ese jefe que no quiso transferirme? Aún somos amigos, y él me ha expresado que el camino de mi carrera desde que dejé su compañía, prueba de que yo tomé la decisión correcta.

## Apoye la Honestidad

Como yo he trabajado en entidades corporativas durante casi toda mi vida, manejo relaciones e información fuera de la compañía. A veces compongo mensajes para enviar a los medios, intentando presentar una visión positiva de la organización. Frecuentemente, me piden que les de estadísticas—números y cálculos. Casi siempre, hay una persona en el lugar que dice: "¿Podríamos incluir estos otros números que favorecerían nuestra imagen en esa área? ¿Podríamos agregar lo que está ahí como si fuera parte de lo que tenemos aquí?" He aprendido a decir que no.

Lo tengo bien claro: "No hago trampa con números, no dejo líneas borrosas, y no miento. Y si eso es un problema, necesitamos hablar de mi partida ya mismo. Si usted, cómo mi jefe, me quiere atropellar, entonces tendrá que llenar los documentos por sí mismo y firmarlos, yo no lo haré." En una de mis entrevistas para una compañía, dejé bien en claro mi ética de trabajo y a menudo se lo recordaba a mi jefe.

A veces me decía: "Estoy seguro que nuestros competidores hacen este tipo de cosa."

Mi respuesta: "Yo no trabajo para nuestros competidores. Trabajo para usted a menos que decida echarme por no hacer esto. Si la compañía va a manejar esto de esta manera, búsquese a otra persona que haga estos enredos, yo no lo puedo hacer."

¡No siempre fui tan audaz! Llegué a serlo con el tiempo. Eventualmente pensé: *¿De qué lado me voy a poner? ¿Del lado malo de Dios o del lado malo de mi jefe? Pues creo que los brazos de este hombre son demasiado cortos para boxear con Dios, así que de ahora en adelante se quedará solo.* Usted no tiene que ser arrogante o "más sagrado que Él" para transmitir la idea de que no miente por nada ni nadie.

Sin embargo, no todos los que ocupen una posición de poder aceptarán esta explicación.

Un hombre que trabaja en una carpintería comenzó a notar prácticas con las que no estaba de acuerdo. "Yo ensamblo ciertas cosas," dice Phil, "pero más que nada mi empleo se trata de trabajar con proveedores y mantener los registros. Las unidades que vendemos son básicas, nada extravagantes; gabinetes de cocina, bibliotecas, secciones de estantes para almacenar. Los trabajadores van a los apartamentos de los clientes—la mayoría de nuestros trabajos se realizan en la ciudad—toman medidas, arman las piezas en el taller, vuelven a los apartamentos y llevan a cabo la instalación, imprimen una lista detallada de la mano de obra y piezas que se usaron, y le pasan la cuenta al cliente."

La manera en que se cobraban las cuentas era lo que le molestaba a Phil. "Con los utensilios de ferretería se pueden usar distintas categorías de mercadería. Estamos hablando de bisagras, soportes para cajones corredizos, este tipo de cosas. Básicamente, hay variedades más económicas y otras más caras y mejores. Pero, un cliente normal no entiende la diferencia. Estas cosas no se notan en la superficie; no es cosmética. Y en la mayoría de los casos, tanto la económica como la más cara sirven, aunque la más cara quizás funcione con menos problemas y probablemente dure un poco más. En pocas palabras, esto es lo que sucede: Yo ordeno la parte más barata y se la cobro al cliente como la más cara, por orden de mi jefe."

Phil luchaba con las opciones. ¿Debería él hablar o callarse y dejar todo en paz? "Este tipo de engaño va en contra de mis principios," explica Phil. "Yo hago esto porque mi jefe me lo ordena. Pero al no decir nada, me queda la sensación de que estoy de acuerdo con lo que está ocurriendo. Y eso me come vivo."

Un día enfrentó a su jefe. "Intenté mantener todo en un tono casual. Le dije algo cómo 'Sabe, esto de cobrar de más no me hace sentir cómodo. Me parece que no deberíamos hacerlo,' y otro par de comentarios similares. El me respondió: 'No muerdas la mano que te alimenta, compañero. Haz lo que te ordeno.' "

Phil se encuentra aún luchando con sus pensamientos. "Me pregunto, si supuestamente yo no hiciera más esta parte del trabajo—si otra persona lo manejara. Quizás yo no me sentiría tan mal por ser el que lo ejecuta una y otra vez. Pero si aún así yo supiera que esto está ocurriendo. ¿Sería lo mismo?"

Este es un dilema moral muy común en escenarios laborales de todo tipo. ¿Cuál es su responsabilidad cuándo usted percibe actividades incorrectas, aunque no lo envuelvan directamente? Esto es algo con lo qué yo lucho. ¿Es mi lugar denunciar todo lo que veo? Pienso que no necesariamente debería serlo.

Si a mí se me pide tomar acción en algo inmoral, ilegal, no ético, algo que viola los principios de mi relación con Dios, entonces debo hacer algo al respecto. Tengo derecho a opinar. Mi responsabilidad en particular es llevar a cabo mi trabajo con integridad. Pero no pienso que mi lugar sea delatar los asuntos moral o éticamente incorrectos. Yo puedo confeccionar una estadística, otorgar alguna entrevista, escribir un mensaje, y al punto de que ese sea mi trabajo, yo lo debo hacer con honestidad y veracidad. Pero no tengo por qué meterme en el trabajo de otra persona en otro departamento y delatar lo que está haciendo.

Yo doy mi opinión sobre ciertos asuntos. Por ejemplo, cuándo alguien ha sido promovido, quizás alguna vez haya expresado mi convicción de que el comportamiento y acciones de esa persona no están alineados con lo que está tratando de alcanzar la organización. Cuando me toca contratar a un nuevo miembro para mi equipo, le comunico el siguiente mensaje: "Si usted se engrana en cualquier tipo de comportamiento que viole la política de esta compañía, no tendrá mi apoyo. A mí no me corresponde opinar si la política de esta compañía es buena o mala. Todos los que trabajamos aquí nos comprometemos silenciosamente a apoyar la política de esta compañía, por lo tanto éstas son mis expectativas." Lo que yo no asumo es el rol de perro de guardia constante.

Afortunadamente, la mayoría de las grandes compañías hoy en día poseen códigos de conducta que los empleados deben firmar, y éstos son vehículos excelentes para ayudar a cualquiera que esté pasando por un dilema moral como el que nos referimos aquí. Un código de conducta es un documento que determina, de A a Z, el comportamiento ético de los empleados. También dice, típicamente: "Si a usted se le pide desempeñarse de una manera no ética o ilegal en la oficina, o percibe algo parecido en los demás, puede reportarlos anónimamente al siguiente número en el siguiente lugar. Estas líneas de acceso éticas o comités sobre la práctica corporativa correcta son una fuente invalorable de ayuda y orientación."

## Actúe con Empatía

Resistirse a los cambios en un ambiente de trabajo es parte de la naturaleza humana, especialmente cuándo estos cambios se nos endosan sin nuestra aprobación. Hasta cuando no nos resistimos, podemos llegar a sentirnos ansiosos, inquietos, temerosos o resentidos. Lo que nos es familiar, como la gente y las rutinas, nos hacen la vida más cómoda, pero cuándo ingresan cosas nuevas no nos sentimos ya tan seguros.

Los cambios son inevitables. Los lugares de trabajo raramente permanecen iguales año tras año. Esto es imposible, ya que no es el perfil de un ambiente moderno y sano. Los cambios—quizás nuevas gerencias, nueva tecnología, nuevas visiones—pueden ser energizantes y llenar de entusiasmo a todo el mundo. Sin embargo, frecuentemente, lo que determina si en tiempos de cambio predomina el éxito o la desgracia, es el factor humano, el más tramposo de todos los factores.

Si usted es la persona que está a cargo, a quién se le ha entregado la tarea de producir ciertos resultados, su enfoque debe estar centralizado en esa meta y en como obtenerla. Es ahí dónde las necesidades y vulnerabilidades de la gente pueden ser ignoradas o atendidas sólo parcialmente. Quizás algunos cuerpos puedan hasta ser pisoteados mientras se trata de alcanzar la meta.

Una mujer describe importantes lecciones que aprendió actuando con empatía, y que le sucedieron cuando aceptó la posición de directora ejecutiva de una organización sin fines de lucro. "Siempre había trabajado en empleos corporativos en el pasado," dice Margot. "Y esos trabajos estaban casi siempre orientados a los resultados, no al proceso. En este nuevo lugar, la junta tenía una cantidad de objetivos claros, y yo era considerada la mejor entre varios candidatos para lograr esos objetivos. Yo entré el primer día, lista para hacer milagros, y choqué en contra de la diferencia de 180 grados con respecto a como se estaba ejecutando todo. El ambiente, la manera de abordar el trabajo, las perspectivas culturales—todo esto era de mil maneras completamente opuesto a la experiencia que yo traía.

"La gente que implementaba el trabajo de la organización era estupenda, con una actitud de 'Nosotros tenemos nuestro modo de hacer las cosas; no estamos aquí con fines de lucro.' En cambio mi actitud era 'Si, estamos aquí para hacer dinero; la diferencia es cómo lo usaremos. Haremos que las ganacias cambien de curso y volveremos a hacer programas, mientras que lo que hacen las compañías corporativas es quedarse con el dinero. O sea que seamos claros con respecto a nuestro rol, debemos procurar que nos den dinero para llevar a cabo la misión de esta organización.' Mi nuevo equipo no tomó mi actitud demasiado bien.

"Aprendí que la gente que trabaja sin fines de lucro tiende a tener una orientación más bien dirigida a la causa. Tienden a decir, 'Quiero trabajar aquí porque le estoy haciendo un bien a la humanidad. Estoy trabajando por una causa común.' Al mismo tiempo, ellos también son seres humanos. Aún existen cuestiones de 'él dijo/ella dijo.' Y 'Yo puedo hacer eso mejor que tú.' Y también 'Quiero avanzar, quiero que me elogien, quiero más dinero.' Ellos quieren que todo esto ocurra mientras hacen el bien.

"Por lo tanto esto fue interesante. No sentí que el comportamiento era muy diferente al que existe en la América corporativa; simplemente se manifiesta de una manera diferente. La ambición parece diferente. ¿Alguien no se está desempeñando bien? Esto también parece diferente, porque la conversación se da de la siguiente manera: 'Bueno, ella realmente es una excelente persona.' Y yo respondo, 'Es cierto, pero no tiene nada que ver con su desempeño.' "

Su trabajo anterior, dice Margot, se trataba de construir y crear. "Aquí, yo me encontraba desmantelando, reestructurando, moviendo piezas. Tomaba a mi cargo algo que la gente estaba acostumbrada a hacer de cierta manera y les decía, 'Vamos a parar, a hacer cambios, y a tomar otra dirección.'

"Había mucha reeducación por hacer. Este es un ejemplo. Nuestros dos principales contribuyentes eran corporaciones que trabajaban desde el 1 de enero hasta el 31 de diciembre—momento en que terminaba el programa financiero anual. Ellos, razonablemente, comenzaban a hacer su presupuesto para el próximo año en septiembre, por lo tanto no tenía sentido llamarlos en noviembre para pedirles que en su presupuesto, incluyeran dólares para nosotros, al año entrante. Su presupuesto se hallaba totalmente firmado y sellado para esa época.

"Mi pequeña organización sin fines de lucro terminaba su año en junio. Ellos operaban en un ciclo completamente diferente, y nosotros corríamos el peligro de perder a estos contribuyentes porque no le estábamos prestando atención a sus necesidades o tiempos. Yo entré y dije: 'A estas compañías no les interesa nuestro ciclo. Debemos saber que tiempo del año es beneficioso para ellos y adaptarnos a su estructura, y es ese el momento en que debemos solicitarles ayuda.' Esto desconcertó a todos. Hubo muchas instancias de este tipo."

Margot dice que ella trabajaba con un grupo de gente que basaba el mérito en hacer su trabajo de cierta manera. Ella les cambió todas las reglas. Y añade: "¿Qué le producen los cambios a la gente? ¡Los espanta! Los atemoriza. Los hace pensar: '¿Qué significa esto para mí? ¿Qué me ocurrirá si no logro adaptarme a este nuevo modo de hacer mi trabajo? ¿Qué está pasando?' Yo no fui lo suficientemente cuidadosa con este tema.

"Los abordé con una actitud de arremánguense-y-a-trabajar. Tuve que enseñarme a mí misma a penetrar sus mentes y corazones y tratar de entender como lo vivían ellos. Eran buena gente. Estaban haciendo un buen trabajo para mejorar al mundo. También eran seres humanos, y como todos nosotros, [tenían] sus ansiedades, debilidades, esperanzas, sueños, ambiciones y toda la gama en su totalidad. Yo podría haber sido una persona con más empatia, más buena y considerada mientras trataba de imponer mis nuevas expectativas."

La empatía va de la mano con la integridad. Sobretodo, si usted está en tratativas de cambiar viejas prácticas y procedimientos, es bondadoso e inteligente descubrir qué necesita la gente, y hacerle el camino más fácil. Este puede ser un entrenamiento extra y provisional o una política de puertas abiertas que anime a estos individuos a expresar sus preocupaciones. Quizás sirva honrar algunos elementos del pasado de maneras pequeñas pero significativas, como mantener un boletín de anuncios en el pasillo en el cuál todos puedan pegar postales de sus vacaciones. En general, he descubierto, que los empleados se sienten más calmos cuando reciben toda la información, tanto sobre plazos específicos o en su totalidad. Nadie quiere estar en la oscuridad. La empatía, casi siempre, lleva a una mejor comunicación.

Ésta es una historia de cómo actuar con integridad en circunstancias difíciles, y una vida dura:

"Yo comencé a tomar alcohol y drogas, y debo admitir que de algún modo tiré mi vida a la basura. Antes de esto, yo tenía un buen trabajo como entrenador en un gimnasio, lo cual suena irónico, considerando como maltraté a mi cuerpo después," dice Eddie, "Yo estuve en ese pozo durante ocho años. Si usted me hubiese conocido en ese entonces, se hubiera apartado de mí rápidamente. Tuve un hijo con una chica con quien salía, y luego desaparecí. Tomé trabajos aquí y allá, con la condición de que me pagaran por debajo de la mesa, así nadie podía perseguirme para que contribuya a mantener a mi hijo. No tenía un lugar para vivir, pero no me importaba mientras pudiera emborracharme. Una vida realmente baja."

Hace un año, Eddie tomó la decisión de dejar todo. Él comenzó a asistir a reuniones de Alcohólicos Anónimos (AA) diariamente y dejó el alcohol y las drogas. Se consiguió un trabajo conduciendo un taxi para un servicio de autos. "No se sale de una vida así de un día para otro," dice él. "Quizás no se pueda hacer del todo—no lo sé. Eso está por verse. Estoy intentando juntar un poco de dinero y pensando en qué hacer con este niño. El dueño del garaje es una persona muy decente. Me deja dormir dentro del taxi en el garaje. No es realmente una situación ideal, pero no tengo ningún otro lugar donde aterrizar, sobretodo mientras mi intención sea no verme más con mis ex compañeros. Como se dice, hay que vivir día a día.

Uno de los viajes de Eddie concernía a un niño joven, alrededor de diez u once años. La madre del niño había llamado al servicio de autos requiriendo un taxi que buscara a su hijo en el lugar al que iba después del colegio y lo trajera de vuelta a su casa. "Yo dejo al niño, él me paga con una serie de billetes, y un día me doy cuenta, que accidentalmente, había mezclado un billete de veinte con los billetes de uno. Cuando llegué al garaje la madre ya había llamado al despachador diciendo que creía que su hijo le había dado dinero demás al conductor; que le faltaba un billete de veinte. Yo hice la siguiente apreciación. Podía decirle, 'No, no sé nada sobre ese billete de veinte. El niño debe haberlo tirado en algún lado o quizás esté en su mochila.' ¿Quien podía probarlo?"

Eddie no hizo eso. Le comunicó al despachador que él tenía el dinero, que el niño había cometido un error, y que se lo devolverían. Él dice: "Yo no estoy totalmente convencido sobre la línea que sigue AA, pero he leído los panfletos. La parte sobre la necesidad de promover una búsqueda y un inventario moral sin miedo con uno mismo, con eso estoy de acuerdo. Hay muchas cosas de las que uno puede escapar en la vida sin que nadie sepa. Pero usted lo sabe, y Dios también, si es que usted cree en Dios. Para mí, dar vuelta la página como lo estoy haciendo y dejar todo atrás, no es algo que pueda hacer a medias. Es todo o nada."

*Haga todo*
## PARA DIOS:

- Trace su línea moral en la arena.
- Sostenga conversaciones difíciles, si las razones son buenas.
- Ofrezca y pida una observación abierta y sincera.
- Tome la crítica tan bien cómo el aplauso.

- Haga lo que dijo que iba a hacer cuándo dijo que lo haría.

- Asegúrese de que sus SÍ signifiquen SÍ y sus NO signifiquen NO.

- Apoye la honestidad.

- Actúe con empatía.

# CINCO

# El Perdón

*Liberando el Espíritu Amargo*

PERDONAR ES casi siempre una decisión consciente. Alguien con quién usted trabaja le ha hecho
daño. Digamos que ese individuo está tratando de hacerlo quedar mal, socavarlo o hasta quitarle el trabajo.
O quizás ese comportamiento deshonesto y bajo no ha
sido dirigido a usted en especial pero ha causado un impacto negativo en su ánimo y eficacia.

Todos conocemos ese sentimiento. Usted está enojado. Una y otra vez reflexiona sobre la injusticia de lo
que le está ocurriendo o le ocurrió. Se dice a sí mismo
que tiene que dejar atrás lo que le está pasando y seguir
adelante. Y es ahí dónde descubre lo difícil que es perdonar. Su cabeza está en el lugar adecuado. La lógica y
la experiencia de vida le dicen que dejar atrás ese evento
es la cosa más sana, conveniente—y espiritual—que

puede hacer. Pero su alma y corazón están lejos de sentirlo así.

Por encima de otras emociones, el enojo y el resentimeiento que continúan en ebullición dentro suyo cuándo usted no puede perdonar, son los que vuelven al lugar de trabajo tóxico, y más importante aún, los que lo vuelven a usted mismo tóxico. Usted no quiere estar en ese lugar; no puede soportar el enfrentarse con la persona que lo ha desilusionado o traicionado. Usted desea perdonar, pero no lo siente como algo auténtico, o no le está functionando. El problema es que si elige no perdonar, o simplemente no logra hacerlo, usted creará una especie de vínculo con el alma de su ofensor. Usted se halla estancado.

Y también existe la otra cara de la moneda—perdonarse a sí mismo cuando es usted el que ha hecho daño. Yo sé un montón sobre esto. Sé lo difícil que es admitirlo, poner en perspectiva su equivocación, hacer que ésta le pueda servir de algo, hasta quizás aprender de ella y seguir adelante.

El perdón no puede ser alcanzado a ningún nivel sin Dios. Él posee el poder de cambiar lo que se halla dentro de nuestros corazones, y Él sabe cuán espinoso es el desafío de actuar de manera correcta que confrontamos los seres humanos.

Hay formas productivas de actuar en situaciones dificultosas en las que hemos sido lastimados o en las que hemos ofendido a otros, y hay pasos que nos llevan a buenos desenlaces. Perdonar no significa que tengamos que estar de acuerdo con el comportamiento de cierta gente. Tampoco quiere decir que tengamos que seguir esforzándonos en circunstancias desagradables. Y si usted se halla en una posición de liderazgo y se atestigua el mal comportamiento de alguno de sus empleados, restaurar la eficacia de esa persona quizás sea tan importante como perdonarla.

En mi caso, vivir el principio del perdón en una carrera guiada por el Espíritu está basado en mi relación con Dios.

## Déjese Llevar, Deje que Dios Establezca Sus Derechos

Hace mucho tiempo, al principio de mi carrera, alguien intentó echarme, básicamente porque pensaba que yo quería su trabajo. Yo recién estaba comenzando, necesitaba el dinero, y me sentía completamente confundida por su comportamiento. Esta mujer tenía experiencia, era quince años mayor que yo, y además era mi supervisora. ¿Cómo podía ella pensar que yo estaba tratando de reemplazarla? Yo estaba segura de no haberle dado ninguna señal, porque aunque yo era una recién llegada al mundo del trabajo, ya tenía mis ojos puestos enteramente en otro tipo de áreas. Ésta no era la organización en la cual yo deseaba abrirme camino y ascender en el trayecto. Yo no quería su trabajo.

Yo sabía que la compañía estaba atravesando cambios y que muy pronto vendrían ciertas rebajas de sueldos y despidos. Decidí tomar el toro por las astas, y le dije a mi jefa: "Si mi posición se va a ver afectada, apreciaría que me lo hiciese saber." "Está todo bien," me dijo ella. "No tiene por qué preocuparse, se lo garantizo." Algo me dijo que ella no estaba siendo honesta. Tuve razón. Luego me enteré, que en el mismo momento en que se hallaba asegurándome que todo estaba bien, ella estaba trabajando a mis espaldas para que mi posición fuese eliminada como parte de la reducción de presupuesto en nuestro departamento. Yo recé mucho después de esa conversación: *Dios, tú sabes las circunstancias en que me hallo, sabes adónde estoy parada, lo que necesito, y si lo que presiento es correcto, debes estar peleando ciertas batallas de las cuales no estoy enterada. Debes parar lo que está pasando o encontrar otro lugar al cual yo pueda ir.*

Dos días después, recibí un llamado de otra organización que deseaba emplearme. Pude cambiar de trabajo, y la confrontación con mi empleo anterior quedó ahí. Me sentí agradecida de que Dios hubiese intervenido y contenta de poder seguir adelante.

Sin embargo, seguía albergando algo en mi corazón

en contra de esta mujer, y estos sentimientos persistían. Recuerdo estar rezando en casa y diciendo: *Necesito ser honesta contigo* (como si Él no estuviese enterado de la verdad; más bien yo debía enterarme por mi cuenta). *Yo no puedo perdonar a esta persona. Lo que pasó fue incorrecto. No fue justo, fue completamente indebido, y ella no me dijo la verdad.* Y de repente un fragmento de las escrituras me vino a la mente: "Has recibido libremente, da libremente." Me quedé sentada ahí pensando en esto. *¿Qué es lo que he recibido libremente? Pues he recibido el perdón cuando lo he suplicado. He recibido misericordia y gracia.* Por lo tanto esas palabras me estaban expresando que estos eran regalos que yo había recibido, sin haber hecho nada para merecérmelos. Ahora, de la misma manera yo debía dar libremente a otro— que seguramente no se lo merecía—ser humano.

Me quedé sentada ahí durante el tiempo dedicado a mis oraciones, y durante la prolongación de mi conversación admití que no estaba encontrando la habilidad de dar libremente, de perdonar. Sentía que se me había hecho una injusticia. Luego traté de escuchar, y el mensaje que Dios me estaba enviando era el siguiente: *¿Deseas dejar de lado tu derecho a estar perturbada y enojada? Puedes elegir. Yo no te puedo llevar hasta ahí. Primero déjalo de lado por voluntad propia y luego yo te daré lo que necesitas.*

Yo le respondí a Dios que deseaba hacerlo, pero

que no lo sentía. Que no lo hallaba en mi corazón. Y Dios me dijo: *Tú no tienes que ocuparte de eso. Me corresponde a mí.*

En cuanto el enojo y el resentimiento se encendían en mí, yo rezaba. Un par de semanas más tarde, repentinamente realicé que ya no sentía a esa mujer como mi enemiga. Ya no cobijaba esa situación dentro de mí, ni la machacaba o la repasaba constantemente en mi mente—qué es lo que debería haberle dicho, qué debería haber hecho. Se había acabado. Me di cuenta que no había pensado en ella durante un tiempo.

Por cierto, más o menos un año y medio después, en una fiesta de fútbol en casa de un amigo, me volví a encontrar con esta antigua jefa. ¿Y qué ocurrió? La organización en la cual ella trabajaba planeó una reestructuración y su empleo fue eliminado. Hacía casi un año que no tenía empleo; había vendido su casa y se había mudado a lo de su hermano. Charlamos, y me felicitó por mi nueva posición. Lo que sentí por ella fue lástima. Luego le hablé a Dios de ella, y todo lo que le pude decir fue *Señor, ten piedad de ella.*

Mirando hacia atrás durante ese año y medio que había transcurrido, pude ver cómo Él había negociado su parte en nuestro convenio, cambiando lo que estaba dentro de mi corazón, insertando el perdón dentro de mí. Me había liberado, yo había logrado perdonar, dejar de lado ese episodio, y me di cuenta de esto cuando me encontré por azar con mi antigua jefa. No nos íbamos a hacer amigas, pero yo ya no tenía nada en contra de ella y menos aún el sentir que el hecho de que ella hubiese perdido su trabajo significaba un castigo justo. ¿Recordaba yo los eventos que habían acontecido? Sí, pero no con las mismas emociones o sentimientos que sentía anteriormente. Sin embargo, creo firmemente que uno cosecha lo que siembra. Eso es lo que me causó lástima, sentí que ella se hallaba cosechando las semillas que había plantado sin ninguna felicidad.

Una vez que uno deja las armas de lado, que siente el perdón en su corazón, provoca también el espacio para que Dios pueda tratar con esa persona, sea como sea. Me hace bien pensar que quizás esto podría ocurrirle a mi antigua jefa, que Su misericordia, eventualmente, podría llevarla a establecer una relación con Él.

Después de una experiencia semejante, uno entiende la importancia del perdón. Lo que eso significa y como ocurre en tiempo real.

## Busque el Propósito Más Prominente

La siguiente es otra historia sobre el sendero de mi carrera. Esta experiencia fue más dolorosa que la que acabo de describir. Duró mucho más tiempo. Convivir con las emociones que ésta despertó en mí fue muy difícil. Y me enseñó nuevas lecciones; sobre el perdón, los tiempos de Dios, y como a veces sentirnos el último orejón del tarro en el trabajo puede, al final, fortalecernos.

Durante el término de un año en esta posición, yo me convertí en el blanco de una estrategia puntual, no sólo con el objeto de hacerme la vida miserable si no también de minar la mayoría de las cosas en las cuales yo me hallaba trabajando. Éste no es realmente un evento tan raro en organizaciones grandes. Quizás usted lo haya experimentado alguna vez. Se lo marginaliza, se lo excluye, se lo hace sentir muy incómodo con la esperanza de que usted simplemente deje su empleo. Esa es la meta final, cualquiera que sea la razón. Quizás usted haya sido empleado para algo que ya no se considere una prioridad en la compañía. Quizás una nueva gerencia desee emplear a su propia gente. Desde el punto de vista de la organización, es más fácil, y por supuesto más económico si el empleado no deseado simplemente se va discretamente. Quizás usted no esté entre los no deseados pero alguien quiera emplear a otra persona para que tome su rol y la gerencia no sea totalmente parte de eso.

De cualquier forma, en ambientes como estos, tolerar la injusticia y confabulación que se llevan a cabo, se torna agotador. Usted no ha hecho nada malo. Las fuerzas negativas que están en juego no tienen ninguna conexión con la habilidad, el talento o la eficiencia con las cuales usted está ejerciendo su trabajo. Es ahí dónde usted realmente puede llegar a estancarse. Y donde el perdonar y dejar estos asuntos de lado pueden parecerle prácticamente imposibles.

Yo pasé meses en los que no recibía respuesta a mis memorándums, meses en los que me dejaban fuera de las reuniones. Cualquier esfuerzo que yo pudiera hacer para implementar una estrategia chocaba contra algún obstáculo. Además de lo incómoda de esta situación, lo que me estaba sucediendo era obvio para la gente a mi alrededor, y eso me avergonzaba. Estaba involucrado mi ego. Algunos colegas simpatizaban conmigo. Uno o dos de ellos que se habían demostrado amistosos en el pasado, miraban ahora hacia otro lado cuando yo pasaba.

Yo necesitaba parar de alterarme con esta situación. Necesitaba pensar con claridad. Y sin embargo no podía dejarla de lado sin mirar a mi alrededor al día siguiente y comenzar a examinarla de arriba a abajo nuevamente. Yo sentía un desdén creciendo dentro de mí por el lugar en que me encontraba, un desdén hacia la organización, hacia la gente. Y me sentía atascada en la legitimidad, en lo justificable de mis emociones. No hallaba el perdón ni en mi mente ni en mi corazón.

Una de las maneras de vivir estos principios es permitirse ser 150 por ciento honesto con Dios. No puedo enfatizarles lo importante que es la honestidad casi infantil con Él. Él sabe perfectamente que usted no posee la voluntad o no puede dejar de lado esta situación maligna. Recuerdo mis oraciones durante ese tiempo tan desolado: *Yo he estado trabajando en un ambiente tan horrible. Tú eres Dios—puedes pestañear y hacer que esto pare ya, pero no lo estás haciendo. Y si no lo estás haciendo, ¿qué hay en todo esto para mí? ¿Qué es lo que necesito hacer? ¿Cuál es mi responsabilidad? No estoy oyendo tu voz.*

¿Por qué simplemente no me fui? Pensé en esto muchas veces durante esos meses. Pero cuando acepté ese trabajo, sentí claramente que esa era la puerta que Dios me había abierto. Pasara lo que pasara, Él permitiría—no necesariamente causaría, pero permitiría, de algún modo—que esto tuviera algún propósito. Cuando Dios nos coloca en cierta posición, cuando Él nos abre una puerta y nos dice: *Es ésta—entren,* solo Él puede avisarnos cuándo es hora de salir nuevamente. Ciertamente, yo podría haberme ido en cualquier momento en el transcurso de ese año miserable. Por más que era eso lo que deseaba hacer, algo dentro de mí me detenía. Dios aún no me había transmitido que era hora de partir. Yo no puedo salir de una puerta que Él me ha abierto hasta oírlo decir: *Ahora sí, es tiempo de partir.*

Yo trabajé lo mejor que pude. Actué con integridad. Y continuaba rezando: *Señor, necesito que me acudas*

CHECKOUT RECEIPT
ELSMERE LIBRARY
09/08/09 06:54PM
THANK YOU FOR USING THE
ELSMERE LIBRARY. MOST ITEMS
MAY BE RENEWED BY DIALING
(302) 892-9814
MON 10:00 AM - 8:00 PM.
TUES & THURS 12-8,
FRI & SAT 10-5.
YOU NEED YOUR BARCODE FOR THIS
SERVICE.

PATRON BARCODE: 23910035605097

A princess primer : a fairy godmother's
33910035605456 09/29/09

TOTAL 1

*ahora mismo y hagas algo conmigo, porque esto es lo que estoy sintiendo. Estoy aquí, y necesito que me lleves a un lugar dentro de mí al que no puedo acceder por mi cuenta. No tengo la habilidad de perdonar.*

Finalmente, Él cerró esa puerta. Las piezas se acomodaron. Vi, más y más claramente, que yo estaba llegando al final de lo que había querido lograr en ese lugar. La compañía, en sí misma, estaba cambiando. Y terminé renunciando. Lo sentí como un milagro total. De alguna manera, me sentí como si me hubiesen ascendido.

Entonces, ¿cuáles son las lecciones más prominentes?

Primero, nunca se llega a dominar a fondo y para siempre la difícil tarea de perdonar. Nunca se alcanza el punto de arribo. Usted dará ciertos pasos atrás y deberá comenzar de cero nuevamente, y siempre deberá permanecer de rodillas pidiéndole ayuda a Dios.

La segunda lección: Mirando hacia atrás, si yo hubiese dejado mi trabajo antes, protestando y enojada, me hubiera perdido el verdadero propósito. De hecho, aún hoy no sé cuál fue el verdadero propósito. Quizás de acá a un año o dos, pueda decir, "Claro, ahora entiendo. ¡De eso se trataba! Cambiaron ciertas cosas en mi alma y corazón, en mi carácter y madurez. Y es causa de lo que pasé en ese tiempo lo que logró hacerme crecer y fortalecerme."

En tercer lugar, a veces uno perdona ciegamente. Quizás nunca halle la respuesta o explicación que lo satisfaga. El perdón no se trata de comprender por qué cierta gente hizo algo malo. Se trata del deseo de dejarlo de lado. De eso se trata el Espíritu de Dios trabajando dentro de nosotros con algo que nosotros, los humanos, no poseemos.

## No Espere una Disculpa
## Que Quizás Nunca Recibirá

¿Necesita usted una confesión o una disculpa? Ese es otro de los instintos humanos. Necesitamos que la otra persona se confiese. Que admita que actuó mal. Que tome consciencia de sus errores, que se muestre avergonzado y culpable, y recién ahí quizás sintamos que podemos perdonarlo. A veces recibimos esta reacción del ofensor, pero en general no ocurre. A veces el ofensor ni siquiera se da cuenta que nos ha ofendido, por ende la única salvación y esperanza que nos queda para poder seguir adelante debe venir de nuestro adentro. El mundo no se acomodará al deseo que sentimos de escuchar un *mea culpa*.

Una mujer habla de un pequeño incidente que ocurrió entre ella y una compañera de trabajo, un incidente que ella, en su corazón, no puede superar. Sally, a quien mencioné en un capítulo anterior, tiene veinticinco años y trabaja en el departamento de facturación de una organización de mantenimiento de salud. Ella se mantiene a sí misma y a su hijo de un año y vive con un presupuesto muy ajustado. "Este mes me vi en problemas cuando nuestro perro, nuestro querido perro de diez años, se enfermó. Él se quedó un par de días en la veterinaria, y luego tuvimos que sacrificarlo. Fue triste y caro. Yo no tenía suficiente dinero para cubrir mi cuenta de servicios públicos. Y estaba preocupada de que me cortaran el servicio, ya que esto me había ocurrido antes."

Sally le pidió a Janice, su compañera de trabajo, un préstamo de $60. "Esto era solamente hasta nuestro próximo día de pago. Nunca le he pedido dinero prestado a nadie en el trabajo, en ningún trabajo, nunca. A veces le pido a mi madre algún pequeño adelanto, pero eso es todo, y se lo pago de vuelta inmediatamente. Me sentí cómoda pidiéndoselo a Janice, ya que éramos amigas. Hemos trabajado juntas durante tres años. Nos sentamos a cinco pies de distancia, charlamos todo el tiempo y salimos a almorzar juntas. Y se lo pedí."

Su compañera de trabajo le dijo que por supuesto que sí, que pararía en el banco durante su hora libre y extraería el dinero en efectivo. "Después del almuerzo, Janice se acercó a mí con el dinero y una nota en la mano que había escrito a máquina. Decía que yo le debía este dinero y que tenía que firmar esta nota. Además, la suma leía $63. Me dijo que me estaba cobrando interés, pero solo el 5 por ciento, lo cuál significaba que me estaba dando un buen arreglo, ya que en cualquier otro lado me cobrarían por lo menos el 10 por ciento."

Sally se sintió profundamente humillada. Firmó la nota, paró en la casa de su madre esa noche, le pidió los $63 prestados, y se los devolvió a Janice al día siguiente. Y no la puede perdonar. "Janice no parece saber que hizo algo malo. Quizás no lo hizo; ya ni yo misma lo sé. Quizás esta sea una lección a través de la cuál yo deba aprender a no mezclar asuntos de dinero con amistades. Pero, ¿no se dio cuenta que esto era vergonzoso para mí? Me lastimó. Esa nota me hizo sentir que no me consideraba confiable. Además, ¿qué significa esta forma cursi de cobrarme intereses? ¿Qué tipo amiga es ésta? No la puedo mirar ni hablarle más, y ella nota que ha habido un cambio. Estoy esperando que se disculpe."

Pero la disculpa nunca llegó.

Y cuesta mucho dejar algo así de lado. Es ahí cuándo el perdón se convierte en algo más que una noción abstracta y se siente hasta en la médula de los huesos. Alguien comete un acto que lo hiere, usted siente que tiene derecho a estar trastornado, a cortar esa relación, y en el peor de los casos, hasta vengarse. Pero, ¿qué es lo que le molesta? A menos que Dios esté presente en su vida, no creo que pueda alcanzar un lugar de pleno entendimiento. La única persona lastimada por el enojo, resentimiento y falta de habilidad para perdonar es usted.

Especialmente cuando dos de ustedes conviven en un espacio pequeño durante ocho o más horas por día, les conviene esforzarse y perdonar, aunque no logren olvidar. Si no, realmente crearán una atmósfera tóxica para ustedes mismos, embrollando sus palabras y acciones de maneras incómodas. Sally dice: "Me he estado comportando educadamente con Janice, pero de una manera falsa. Me lleva un terrible esfuerzo mantener esta actitud." A ella se le ocurrió una nueva estrategia. "No sé si podré hacer esto de modo natural, pero quizás deba decirle que no es que la esté culpando pero que esa nota realmente me hirió mucho. Estoy pensando en decirle esto para clarear el aire."

## Perdónelos pero Hágalos Responsables

Ser una persona que perdona no quiere decir que el otro no sea responsable por sus acciones. Su perdón no lo exime de esa responsabilidad, y en muchas situaciones es apropiado hacer a ese individuo responsable por algo y esperar de él un comportamiento diferente.

Esto es más difícil de lo que parece, ya que cuándo uno está ofendido, enojado, herido o desconcertado por las acciones de otros, lo que más desea es que todo se desvanezca. Usted no quiere volver a pensar en eso. Quizás usted reaccione escondiéndose bajo el ala: "Bueno, lo que ocurrió no es para tanto. Quizás yo esté haciendo una montaña de un grano de arena. Lo voy a perdonar." O inventamos excusas: "Realmente, él no es totalmente responsable ya que no sabía toda la historia." O podemos olvidar y mirar hacia otro lado: "Eso sucedió sólo una vez y no va a volver a ocurrir; puedo olvidarlo." O apretamos los dientes y seguimos adelante.

Comience liberando la emoción. Pare el revoltijo interno. Sin dejar todo de lado, realmente no podrá analizar o decidir el curso de acción a tomar. El no poder perdonar lo puede atar y hacerlo prisionero de una situación. Además, dos semanas o seis meses más tarde, usted responderá a cualquier situación similar que emerja, de manera semejante—herido, furioso o con la emoción que usted no pudo liberar en aquel momento. Y yo creo que cuando usted comienza liberándose, también logra liberar a su ofensor y hacerlo responsable.

El siguiente es un ejemplo.

Max, a quién he mencionado anteriormente, trabaja en el departamento de publicidad de una compañía farmacéutica, y supervisa a tres subordinados. Un hombre joven, James, había estado en ese trabajo durante seis meses, habiéndose desempeñado generalmente, de modo sobresaliente. Pero también se hallaba comportándose de maneras que enfurecían a su jefe. Max dice: "Me llamó la atención que James estuviese charloteando con Bill, mi jefe. James le había sugerido a Bill que almorzaran juntos, y así lo hicieron. Luego descubrí que James le estaba enviando correos electrónicos a mi jefe sobre ciertas cosas, pidiéndole su parecer y promoviendo ideas. Lo descubrí porque mi jefe me hizo saber un par de veces que había hablado con James sobre tal o cuál cosa, y que él tenía algunas ideas muy buenas, etc.

"Esto había comenzado a darme ardor de estómago. Yo estaba muy enojado con este joven. No tengo ningún problema en que alguien de mi equipo hable con mi jefe, pero a un nivel básico y con cierta cortesía profesional. Yo debería haber estado enterado. Y haber podido dar el visto bueno. Y esto me estaba trastocando, ya que Bill es alguien que goza de la oportunidad de poner a cierta gente en contra de otra. Y a él le encantaba bambolear esto enfrente de mis narices, mientras me hacía saber que tenía entrada en mi equipo y se estaba enterando de cosas. Mientras tanto, James no me hacía saber nada de lo que estaba pasando.

"Yo quería echarlo. O retorcerle el cogote. Me sentía especialmente ofendido porque era yo el que lo había tomado. Yo lo traje, le di la oportunidad. Y así era como me pagaba de vuelta. Mi comportamiento estaba guiado por sentimientos negativos que anidaban en mí. De hecho, y me avergüenza admitirlo, no le pasé a James un fragmento de información que él necesitaba para llevar a cabo una tarea. Era como caer en mi propia trampa. Fue ahí dónde frené mis sentimientos e intenté ser objetivo."

Lo primero que realizó, dice Max, fue que James era un vendedor excelente, "exactamente el tipo de talento al que uno desea agarrarse en una compañía de estas características. Él era esencial para que mi departamento luciese bien. Por lo tanto, yo necesitaba dejar de lado la negatividad y ver como hacer para que él volviese a encarrilarse. Yo había estado buscando un justo castigo. Quería castigarlo echándolo o ensuciándolo. Pero decidí, en cambio, seguir el camino de la rehabilitación."

Max encontró la manera de dirigirse a su empleado sin hostilidad o negatividad. Llevó a su subordinado a almorzar "y tuvimos un pequeño diálogo con respecto a sus acciones y lo que debíamos hacer para corregir ciertas cosas. Mi mensaje a James fue algo por el estilo: 'A mí no me importa que usted hable con Bill—no deseo bloquear su acceso a nadie—pero esto no debe llevarse a cabo a espaldas mías, este comportamiento no es profesional. Yo debo ser parte del círculo, por lo tanto si hay alguna novedad yendo y viniendo entre usted y mis superiores, yo necesito enterarme para poder hacer mi trabajo adecuadamente.'

"Luego, llevé este asunto aún más lejos, y hablé con Bill. Le dije que apreciaba el hecho de que valorara a James, y otras cosas, pero le expliqué que quería asegurarme que todos estuviésemos sincronizados y que no hubiese lugar a confusiones. Y quizás fuese confuso para James, y no tan bueno para el negocio, que él, Bill, me dejase fuera del círculo. Y que yo sentía que esto, de algún modo, impedía mi habilidad de manejar a mi equipo."

Todo esto funcionó maravillosamente, reporta Max. "Creo que logré encarrilarnos a todos en un camino mejor. Ahora nos comprendemos más. Es mejor para mí y para el negocio. Y además anido sentimientos más pacíficos hacia este chico."

Perdonar es dejar de lado la ofensa, no necesariamente permanecer en una posición en la que usted continúe ofendido.


## También Perdónese a Sí Mismo

El que no peca, que tire la primera piedra, dicen las escrituras. Uno de mis pecados es la impaciencia. Esa impaciencia produce un drama enorme en mi vida. Me lleva a tener que perdonarme a mí misma constantemente, lo cual me resulta muy difícil. Tantas veces he pensado: *Debería haberme dado cuenta* o *¿Qué es lo que falla en mí? Hice lo mismo nuevamente* o *Ahora realmente traspasé el umbral*. Esto lleva a tener que pedir perdón frecuentemente. Yo soy muy analista, por lo tanto mi mente está en constante movimiento y me cuestiono hasta el último detalle cuando cometo errores.

Perdonarme a mí misma me es difícil porque, como todos nosotros, yo también a veces me olvido que Dios no es como yo. Yo soy un ser humano y Él no lo es, a pesar de que comprende como somos los seres humanos. Cuando he actuado pobremente y me arrepiento, tiendo a pensar: *¿Sabes qué? Si yo fuera Dios, no me estaría perdonando por la quinceava vez hoy.* Por lo tanto me toma un rato traspasar ese pensamiento y conectarme con uno más verdadero: *Gracias a Dios, Él no piensa como yo.* Dios perdona cuando se lo pedimos.

Creo que cuándo usted logra perdonarse, le es más fácil confrontar sus fracasos y hacer algo al respecto. Las acciones y la gente a la que no perdonamos nos producen dificultades, especialmente cuando debemos interactuar con ellos o hablar sobre ellos. En ese caso nadie puede beneficiarse de la experiencia porque aún nos encontramos atrapados en ella.

He trabajado con una enorme cantidad de personas

que no desean fracasar. Tienen la necesidad de ser perfectos, de no escuchar nunca "Esto no salió muy bien" o "Eso no estuvo bien." Para ellos, fallar es una gran ofensa. Pero a menos que usted tenga algunas caídas y cometa ciertos errores, no le está abriendo la puerta al éxito. Si siempre hace todo bien, ¿cuánto más lejos puede llegar?

La vida no es solo una serie de éxitos. El fracaso es parte del viaje.

Pienso en todas las veces que he caído de cara contra el piso, con ciertos asuntos, temas o mi habilidad de cumplir con el trabajo. A lo largo de mi vida, veo esos momentos como los de mayor crecimiento personal y profesional. Siempre se aprende algo. Y uno se lleva lo que aprendió al próximo trabajo, conflicto o tarea que deba resolver.

Repito, vivo luchando contra mi impaciencia. Fallo constantemente, aunque un poquito menos ahora que hace diez años. Se nota más en la manera en que me comunico. Puedo llegar a ser impaciente con una situación en particular, y el modo en que me expreso a veces suena como un ataque personal. Puedo hacer sentir a un individuo desvalorizado o disminuido. Es entonces cuando me encuentro con un problema doble. He dejado que la impaciencia me domine y he arruinado la relación de trabajo con un compañero en el cual necesito apoyarme.

En una de mis posiciones, alguien del equipo que yo conducía, tuvo un problema, ya que no estaba presentando el informe debido detallando sus gastos. Me llamaron del departamento de finanzas diciéndome que él no les había pasado sus gastos durante meses y que no estaba al día con sus papeles. Este era un hombre joven al que yo había entrenado y guiado, y me sentía muy decepcionada. Yo estaba lívida. Lo llamé a mi oficina para discutir la situación, diciéndome a mí misma que llevaría esto a cabo sin perder la paciencia ni descontrolarme. Me dije: *Está bien, no importa, pase lo que pase me voy a controlar. No le voy a demostrar que estoy tan ofendida o enojada como realmente lo estoy, y vamos a tratar esta situación con calma y racionalidad.*

Comenzó la conversación. Le expliqué que el departamento de finanzas me había hecho saber que él no había completado sus informes detallando sus gastos durante seis meses, que eso iba en contra de la política de la compañía, y que yo necesitaba saber qué estaba pasando.

Su respuesta fue: "Estoy muy ocupado, no he hallado el tiempo para hacerlo."

Dejé que se descargara. Luego lo miré, no de la manera más linda, y le dije algo así: "¡Discúlpeme! Yo hago lo que tengo que hacer a su debido momento—estoy más que tapada de trabajo, ¿y usted me dice que no ha hallado tiempo para hacerlo? Adivine qué. Hágase el tiempo. Hoy. Y si hacerlo le lleva hasta la medianoche, entonces no se vaya antes de la medianoche. No hacerlo va en contra de la política de la empresa. Aquí no hay opción."

*Boom. Boom. Boom.*

Cuando acabó la conversación y él se fue de mi oficina, me sentí muy mal. La arrogancia de este joven me agarró desprevenida, pero la realidad era que yo no tenía el derecho de actuar inadecuadamente por más que lo que estaba ocurriendo fuese incorrecto. Había perdido mi paciencia. No importaba si mi justificatión era válida, y tampoco importaba si otro supervisor hubiese reaccionado de manera similar. Podríamos haber tenido un mejor diálogo, y era mi deber iniciarlo.

Me debía perdonar por haberme descontrolado. Luego debía analizar que me llevaba de esa horrible experiencia. Desde entonces, les he dejado en claro a las personas que entrevisto que manejar los asuntos encomendados a cada uno de ellos es vital, particularmente si la política de la empresa se ve envuelta. Si hay alguna dificultad, les digo, podemos tener una charla. Si una segunda charla es necesaria, pueden llegar a encontrarse fuera del equipo.

Los errores son casi siempre experiencias de aprendizaje.

Perdonarse a sí mismo puede ser aún más difícil

cuándo la ofensa proviene no de una falla de personalidad, como yo puedo llegar a denominar a mi impaciencia, si no de un comportamiento deshonesto, como veremos en la historia de Ellen.

Ellen trabaja en una pequeña galería de subastas. Ella describe un incidente que sucedió hace un año: "Me pidieron que envíe una carta a una clienta que nos quería dar en consignación un trabajo del cual era dueña y tenía interés en vender. Ésta es una práctica de rutina. La carta provee al cliente de cierta información que necesita antes de tomar una decisión. En este caso yo me olvidé de enviar la carta. La clienta llamó al dueño de la galería, le dijo que no había recibido nada, y el dueño me preguntó que había pasado.

"Yo le mentí. Le dije que había escrito la carta a tiempo, que ésta había sido enviada, y que quizás la clienta no la había recibido o la había extraviado. Esa tarde, cuándo el dueño salió de la oficina, yo escribí la carta, poniéndole fecha del día en que debería haber sido enviada, hice una copia como siempre hacíamos, y destruí el original. Le mostré la copia a mi jefe, como prueba de que había sido hecha. Le sugerí que se la reenviáramos a la clienta, y me dijo, 'Claro que sí.'

"Yo me sentí muy poca cosa. Intenté descifrar todas las consecuencias de mi mentira, y pensé que no eran tan importantes con respecto al negocio. La clienta recibió el reporte, y lo peor que ocurrió fue que, debido a la falta de tiempo, su artículo no pudo ser incluido en nuestro catálogo actual y su venta quedó para un remate futuro. Ella no tuvo problemas con que así fuese. Mi jefe no me dijo nada más. Yo hice lo que hice para cubrirme y no parecer incompetente."

Ellen dice que no pudo desenganchar su mente de este episodio durante mucho tiempo. "Yo inventaba explicaciones. Estaba muy desesperada por quedarme en ese trabajo ya que tenía presiones económicas. Me había equivocado en otra cosa anteriormente, y pensé que quizás este error podría costarme el empleo, por lo tanto recurrí a este medio inofensivo tratando de salvar mi situación inmediata. Pero ninguna explicación me funcionaba. Sentía que lo que había hecho con esa carta demostraba mi falta de carácter."

Después de un tiempo, dice ella: "Me harté de mis propios pensamientos, del sonido de mi voz. Comencé a concentrarme en la noción del perdón, que posee, para mí, una connotación bíblica, y a la que no siento como algo enteramente natural. Sin embargo, esto era lo que yo necesitaba para seguir adelante. Me dije a mí misma que lo que había hecho era desastroso, pero que yo no era un desastre como persona. Debía superar este incidente—y, realmente, superarme a mí misma. Continuar pegándose una paliza por haber cometido un error es, de una manera extraña, darle demasiada importancia a quien uno es en el gran esquema de la vida. Es casi como la expresión negativa de la vanagloria.

"Y, por supuesto, resolví no inventar más mentiritas."

Las circunstancias de la vida a veces se pueden convertir en pandillas que atentan contra nosotros. El estrés familiar, problemas económicos o de salud—todo este tipo de presiones pueden llegar a unirse y crear momentos débiles que nos llevan a tomar decisiones erradas. Como humanos, somos débiles. Nos equivocamos; no siempre atinamos a hacer las cosas bien. Sepa que Dios perdona, así lo creo, y continúe perdonándose a sí mismo.

## Libere la Amargura

El no perdonar conduce a la amargura. Cuando usted no libera su amargura, ésta se escurre. La amargura es quizás la escoria final debajo de la superficie, una situación que demanda comprensión y perdón.

Una amiga me contó esta historia. No está relacionada a la carrera, pero si al principio del perdón.

Hace algunos años, Alice se divorció, y si existía alguien que tenía una razón para aferrarse a la amargura, era Alice. Ella tenía dos trabajos, le estaba pagando la carrera de medicina a su marido, haciéndose cargo de todas las cuentas, cuando un día él le anunció que había encontrado a otra persona. Ésta era una mujer que estaba también en vías de convertirse en médica, se habían enamorado, y él le pidió a Alice que por favor se mude.

Ella dice: "Fue algo muy feo, pero una gran lección sobre el perdón. Yo no hablo mucho sobre esta experiencia, porque me disgusta apuntar al pecador, o detallar capítulos y versículos sobre cómo actuó esta persona.

"Pero la parte más interesante es que, desde entonces, a través de los años, la mayoría de las personas con quiénes he salido o mantenido relaciones, nunca adivinaron que yo estaba divorciada. Cuando le mencioné a un hombre con quien me he estado viendo recientemente, que había estado casada, me dijo: 'Increíble, nunca lo hubiera adivinado. No actúas de es modo. La mayoría de la gente divorciada tiene un cierto filo cuando de relaciones se trata. Tienen como un muro, una esencia resistente. Tú no eres así.' Eso me dijo mucho.

"Yo perdoné a mi ex marido. Me llevó muchas oraciones. Mientras atravesaba ese divorcio horrible, sentía que lo que más me molestaba era que yo había hecho un voto de por vida, sin embargo no podía hacerme responsable por las acciones y comportamiento de mi marido. Yo sabía que estaba perdonada, ya que no era yo la que había quebrado ese voto. Pero me recuerdo rezando intensamente, y diciendo: *Dios, yo no quiero ser una amargada, no quiero odiar a los hombres. Estamos hechos para tener relaciones, para el amor y la intimidad, y si yo permanezco en estado de rabia y venganza, me apartaré del amor y la intimidad.* Repetía esta oración una y otra vez. Recuerdo que mi espíritu sabía que la clave era perdonar.

"Y con el tiempo fui liberando todos estos sentimientos negativos que podría haber guardado dentro de mí. Tengo amigos que se han divorciado, y se nota mucho. Esa negatividad se desliza, de alguna manera, en sus conversaciones."

Pienso que ella tiene razón. Lo veo muy seguido en el trabajo. He entrevistado y trabajado con ciertas personas amargadas con respecto a sus carreras. Alguien no los supo tratar. Alguien fue injusto con ellos. Tienen un chip permanente sobre sus hombros, y la capacidad que poseen para ciertas cosas se halla completamente obnubilada por esa actitud. Lo que se halla detrás de esa actitud es la pena, el dolor, la decepción y el no poder perdonar a la persona o gente que alguna vez los ofendió. La gente no se da cuenta que carga con este peso, pero lo carga, y se nota.

Se nota en conversaciones sobre situaciones de trabajo, en entrevistas, surge de una manera defensiva, o con alguna insinuación de paranoia: *En el pasado la gente me ha hecho daño; me está por ocurrir nuevamente.* Quizás se revele en una respuesta sarcástica, en una sonrisa inadecuada o burlona. Quizás aparezca en una postura de combate: *Nadie va a tener lo mejor de mí munca más.* Y a veces se materializa en un aura tenue de tristeza, incertidumbre e inseguridad.

*U*NA HISTORIA MÁS, sobre el poder de la amargura y el poder aún más noble que surge cuando uno es capaz de dejar de lado la amargura y perdonar:

Manny trabaja como portero en un edificio alto, un bloque de apartamentos. Ha estado en ese empleo durante diez años. Hace dos años fue promocionado a operador de ascensores en el mismo edificio. Manny explica: "Está el ascensor de servicio y el ascensor de pasajeros. Los dos están manejados manualmente, no son automáticos. Haber sido ascendido al ascensor de pasajeros fue algo bueno para mí. Podría decirse que tiene un poco más de clase. Uno usa un lindo uniforme con corbata y un buen par de zapatos. Hay algo más de dinero en ese trabajo y la prioridad para elegir los turnos en que uno desea trabajar."

Manny había estado en su nuevo trabajo durante

más o menos un mes, cuando el administrador del edificio le dijo que debía destituirlo. Había habido quejas de algunos de los inquilinos; quizás Manny no era la persona adecuada para ese puesto. "Yo soy de carácter amigable," dice Manny, "y me di cuenta que lo quizás no funcionó fue que a algunos de los inquilinos no les gustaba que yo les hablase tanto. De hecho, sé que fue así y sé quiénes fueron los que se quejaron. Había algunos en el edificio, no muchos, que me echaban una cierta mirada, como haciéndome saber que yo no era uno de ellos, *Manténgase en el lugar que le corresponde, amigo.*"

Y así es como volvió a convertirse en portero, "lo cuál significa tirar la basura, limpiar los pisos, reparar los lavarropas." Él se sintió herido, disgustado y, leugo, enojado. Intentó hacer una petición entre los inquilinos para que lo reintegraran, pero eso no funcionó. Manny continúa: "Yo andaba todo el día sintiéndome mal. Esto afectó mi personalidad. No podía ser amigable. No podía ni siquiera sonreírle a nadie. Esta no era manera de vivir—yo lo sabía. Un día, dando hojeando las páginas de la Biblia, me encontré con algo relacinado al pecado de un corazón que no perdona y al espíritu amargo. Ninguna raíz que contenga amargura debe brotar y causar conflictos, decía.

"Ese era mi problema. El espíritu amargo me estaba causando conflictos, Debía extirparlo."

Manny dice que él tiene un trabajo decente y una vida maravillosa. "Tengo un millón de amigos y ocho hermanos y hermanas. Compro dos ramos flores todos los viernes, le llevo uno a mi madre y el otro lo coloco sobre la mesa de mi apartamento. Me encanta cocinar. Me encanta ir a fiestas. Me encanta andar en bicicleta por el parque. No se puede amar la propia vida cuando uno tiene un corazón que no sabe perdonar y un espíritu amargo."

Quizás lo más difícil que existe para poder vivir el principio del perdón sea el ego. De eso se trata la pelea entre el espíritu de Dios que vive dentro suyo y su propia naturaleza. Nuestro ego nos convence que somos mejores y más importantes de lo que somos. Nuestro ego nos convence que sabemos más de lo que sabemos.

La fe en Dios nos dice otra cosa: Los seres humanos cometemos errores y necesitamos que nos perdonen.

*Hé aquí cómo vivir*
## EL PRINCIPIO DEL PERDÓN

· Déjese llevar; deje que Dios establezca sus derechos.

· Busque el propósito más prominente.

- No espere una disculpa que quizás nunca recibirá.

- Perdónelos, pero hágalos responsables.

- También perdónese a sí mismo.

- Libere su amargura.

# SEIS

# Administración

*Usando los Poderes Otorgados Correctamente*

Un administrador, dice el diccionario, es una persona moralmente responsable de usar cuidadosamente el dinero, tiempo, talentos y otros recursos. Para mí, este imperativo sirve en dos áreas: carrera y vida.

¿De qué se tratan sus días de trabajo? Ya sea un portero o un doctor, un asistente administrativo o un vice presidente, usted tiene un rol definido que debe cumplir. Pueden ser las horas que se espera que usted trabaje, las provisiones que se le encargan, o la gente que usted esta liderando. ¿Está usted totalmente comprometido y se hace responsable?

¿De qué se trata su vida? ¿Cuál es su llamada? ¿Ha puesto el tiempo, esfuerzo y oraciones necesarias como para saber de que manera está programado y qué va a hacer con eso? ¿Su vida se trata solamente del trabajo, o ha logrado un balance entre el trabajo y todo lo demás?

Ser un buen administrador, en ambos sentidos, es un desafío para la mayoría de nosotros. Hay un número de razones. Una vez que usted encuentre un camino en su carrera, seguir adelante y avanzar puede demandarle toda su energía y atención. Quizás todos a su alrededor estén trabajando quince horas por día, y usted realice que debe hacer lo mismo si desea avanzar. ¿Quién puede darse el lujo de preocuparse por crear una vida balanceada?

Por otro lado, en el otro extremo, se sabe que no hay demasiada lealtad en el mundo moderno de los negocios entre las compañías y los empleados que trabajan para ellas. Como mencioné al principio de este libro, una actitud muy común entre los empleados es la siguiente: *Ellos realmente no me están cuidando, por lo tanto yo tampoco tengo que cuidarlos a ellos.*

Luego existe la crisis de la mediana edad en una carrera, cuando el camino que nos traía gratificación y parecía ser el apropiado, deja de serlo. O no nos es suficiente. Usted percibe que no está administrando bien sus talentos. ¿Pero qué viene después? De hecho, no es necesario llegar a la mediana edad para comenzar a cuestionarse este tipo de cosas. Usted se pregunta: *¿Qué estoy haciendo con los dones que Dios me ha otor-*

*gado? ¿Estoy en el empleo correcto? ¿Estoy usando plenamente lo que me ha sido otorgado, o tengo aún cierto potencial y destreza adormecidos adentro mío? ¿Es que he llegado a un punto en mi trabajo en que lo hago sin pensar? Puedo hacer esto con los ojos cerrados, ¿pero no debería estirarme aún más allá?*

Vivir este principio de la administración incluye tanto las pequeñas acciones en el lugar de trabajo, como las grandes "¿De qué se trata todo esto?"—el cuadro de una vida entera. Los siguientes son algunos pensamientos sobre lo que significa ser responsable por el uso del dinero, tiempo, talentos y otros recursos.

## Hágase Responsable de la Gente que Usted Lidera

Cuando usted dirige a otras personas, parte de su trabajo es supervisar como ellos ejecutan sus asignaciones.

A veces confrontar la realidad significa que un individuo que usted está supervisando no esté cumpliendo con su trabajo. Ese es siempre un lugar difícil. Ya mencioné anteriormente lo de ocasionar conversaciones dificultosas si las razones son cabales.

La responsabilidad de un líder es ser claro e informar a la gente que lo rodea, sea como sea. He notado que muchos individuos están en roles de liderazgo sólo porque tienen un título, no porque verdaderamente estén liderando a alguien. Muchos de ellos no desean llevar a cabo estas conversaciones dificultosas con su equipo. Pero el liderazgo significa pensar: *Esta persona esta bajo mi cargo durante cuarenta horas por semana. ¿Lograré que su vida sea más próspera y productiva como resultado de haber trabajado conmigo, o no? ¿Ella crecerá? Y si no está cumpliendo con su trabajo, ¿cuál es el paso correcto que yo debo dar para mí misma y para la compañía?*

Para tomar esas decisiones, yo sigo el siguiente criterio: ¿Esta persona ejecuta? ¿Es exitosa construyendo relaciones que se necesitan en este lugar? Cuando comienzo a notar que después de un par de intentos alguien no me está comprendiendo, tengo una conversación y le pregunto que es lo que está pasando, apoyándome exclusivamente en hechos respaldados por ejemplos. "A usted le fue dada esta asignación con un plazo fijo. No la hizo a tiempo; no la entregó terminada en forma final. ¿Hay alguna explicación?" Siempre hay necesidad de operar con sabiduría, observando todos los asuntos que nos rodean. Después de todo no se pueden controlar algunos aspectos del ambiente laboral, y no se puede esperar que la gente que trabaja para usted los controle tampoco.

Si los problemas continúan durante el próximo mes o el siguiente, volvemos a dialogar. Si esta vez no llegamos a ningún lado, tomo la difícil decisión de despedir a esta persona.

También somos administradores de las herramientas que se nos entregan para poder hacer el trabajo. Siempre les he dicho a los miembros de mi equipo que no somos dueños del departamento en que trabajamos y tampoco de las cosas sobre las que se nos da autoridad; éstas pertenecen a la compañía. Nos las prestan como parte del trabajo y propósito que tenemos para servir a la compañía—hasta el bolígrafo que estoy usando: no es mío; pertenece a otra persona. Y nuestro trabajo es dejar lo que se nos confió hasta quizás en mejor estado que cuando lo recibimos.

Para alguna gente, ese concepto significa estirarse. Yo he trabajado con individuos que creen que porque la compañía los emplea, se les debe algo. O *Éste es un grupo adinerado. Yo no soy una persona rica; puedo tomarme ciertas libertades.*

Un gerente de un departamento de marketing de una enorme compañía de entretenimiento se confrontó con la actitud de uno de sus empleados. Walter dice: "Este joven estaba disfrutando de hacer la suya por demás. Por ejemplo, somos informales con respecto a la hora del almuerzo en la oficina. A mí no me importa si alguien sale a las once de la mañana o a las dos de la tarde, pero la política de la compañía dice que la hora del almuerzo es así—de una hora. Y Gordon, mi empleado, se estaba abusando. Él a veces se tomaba hasta dos horas. Tuve que hablarle sobre este tema, y él se acomodó."

Gordon se comportaba de maneras que eran aún mas conflictivas para su jefe. "En este negocio, uno puede llamar a fabricantes o proveedores y pedirles copias gratuitas de sus productos, como cortesía profesional. Nada del otro mundo, pero pequeños artefactos como por ejemplo juegos electrónicos manuales, objetos de esa naturaleza. Estos productos son requeridos y observados para distintos propósitos del negocio.

"Resulta que un día, estoy justo pasando cerca del escritorio de Gordon y lo oigo en el teléfono pidiendo que le envíen un artefacto en particular a su nombre. Un par de semanas más tarde, vuelvo a oír un llamado similar. Entonces paré mis antenas y comencé a supervisar a Gordon más de cerca. Yo me daba cuenta que él recibía demasiados paquetes en forma constante, lo cual no tenía sentido dadas sus asignaciones. Una tarde, luego de que él dejó la oficina, fui hasta su escritorio y abrí el último cajón, y este amplio cajón estaba repleto de juegos, CD's, videos, todos en su empaquetamiento original. Un par de días después, lo veo llenando una bolsa de compras con todo este botín y yéndose. Mi conclusión fue que estaba revendiendo estos objetos en algún otro lado."

Walter citó a Gordon para tener una conversación, y quedó asombrado cuándo su asistente rápidamente admitió que estaba revendiendo estos productos a mitad de precio en una tienda que él conocía, y que no le parecía incorrecto hacerlo. "Este hombre sentía que no le pagaban lo suficiente, que él merecía un salario más alto, y que este pequeño negocio de lado que él llevaba era su manera de obtener el dinero extra que la compañía le debía. Además, me informó que otras personas en ese lugar se llevaban objetos constantemente, como por ejemplo paquetes de papel para imprimir. Yo le dije que para mí eso era robar, que no permitiría que ocurriera adelante de mis ojos, y que estaba despedido."

Walter no cree que su charla con Gordon, ni el hecho de haberlo echado, hayan causado demasiada diferencia en este hombre. "Hay un dicho que dice que el maestro llega cuando el estudiante está listo. Este chico no estaba listo como estudiante para poder aprender algo acerca de lo que yo considero trabajar correcta o incorrectamente para una compañía. Él no estaba escuchando."

Pienso que Walter tiene razón acerca de este tema. Gordon estaba usando su posición no para beneficio de la gente que se la había otorgado pero para su propio enriquecimiento. Sin embargo, él no escuchó. La manera en que ejecutamos lo que se requiere de nosotros es nuestra firma, y el modo en que firmamos las cosas que hacemos proviene de la motivación de nuestro corazón. Es ahí dónde nuestra relación con Dios, y nuestra madurez espiritual juegan un rol clave.

Dos pensamientos más sobre la tarea de liderar a través del principio de la administración:

Primero, un liderazgo piadoso significa actuar para el bien de la compañía, no sólo para usted y su equipo. Cuando la gente comienza a envolverse en políticas organizativas, y yo observo esto constantemente, las decisiones no son tomadas basadas en si cierta dirección podría mejorar la compañía por encima de todo, pero más bien para ayudar a promover a cierto individuo en particular o cierta agenda que no es necesariamente importante para dicha compañía. Para mí, éste no es un liderazgo correcto. Hay decisiones que yo he tomado en algunas de mis posiciones que quizás no fueron las mejores para mí—en parte porque significaban tener que trabajar más—pero eran intereses de importancia para la compañía. Y a mí me emplearon para tomar esas decisiones.

En segundo lugar, la demostración ideal de liderazgo se da cuando se devuelve el departamento, empleo, o lo que sea, en mejor estado de lo que usted lo recibió. Eso está ilustrado en la parábola bíblica sobre los talentos: Dos sirvientes reciben diez talentos cada uno. El amo se va. Luego de un período de tiempo, vuelve, y escucha lo siguiente de un sirviente: "Usted me dio diez talentos, yo los enterré, y aquí se los devuelvo, exactamente como me los dio." Sin embargo, el otro sirviente duplicó sus talentos y se vio favorecido por Dios. A él le fue otorgado poco, pero al hacer algo con ese poco, le será otorgado mucho más. Yo descubrí que "el mucho más" llega inmediatamente o más tarde, en algún otro lugar, o quizás en el mismo, pero llega.

## No le Entregue Su Vida al Trabajo

Jesús dijo que hay que darle al César lo que es del César y a Dios lo que es de Dios. En el contexto del trabajo esto significaría darle a la oficina lo que se merece y al resto de su vida lo que se merece. Esto también significa reconocer si usted es, de alguna manera, un adicto al trabajo y si esto le está impidiendo desarrollar una vida balanceada y espiritual. Yo descubrí algo muy simple, lo que lo controla y domina es su dios. Si lo que lo controla y domina es la ambición, el éxito en su carrera y los premios materiales que vienen con eso, entonces ese es el propósito que usted se ha forjado en su vida. Y las probabilidades son, que no logre tener una vida balanceada.

Conozco mucho sobre maneras de convertirse en adicto al trabajo. He estado en el camino de ida y de vuelta—y he aprendido unas cuantas cosas. Por ejemplo, es fácil convertirse en un adicto al trabajo cuando usted realmente no desea pensar qué es lo que le está faltando en su vida. Déjeme contarles mi historia.

Durante mis veinte y la mayoría de mis treinta y tantos años, yo vivía enfocada con intensidad de rayos láser en lo que debía incluir bajo mi ala profesional si quería convertirme en una ejecutiva de alto nivel, a cargo de un departamento global, a la edad de cuarenta años. Yo andaba detrás de experiencias de gerencias, regionales e internacionales. Éstas eran las calificaciones que yo sentía que necesitaba como parte de mi estrategia a largo plazo.

Durante esos años, yo viajaba usualmente veintisiete días por mes. Eso es todo lo que hacía. Si estaba enferma, simplemente me medicaba en la ruta y seguía adelante. La verdad es que, cuando miro hacia atrás, ese enfoque no sólo me servía para mi carrera si no también me habilitaba a evitar ciertas cuestiones que yo realmente no quería confrontar. No quería ponerme a examinar por qué aún no me había casado. O por qué no tenía familia cerca y seguía mudándome sola de lugar en lugar. No quería tampoco preguntarme por qué faltaba a los cumpleaños de mis hermanos o a los aniversarios de mis padres y así y todo no encontraba felicidad total en mi carrera.

No quería admitir que por momentos me sentía sola, y me era más fácil sepultarme en el trabajo. Mi vida social ocurría mayormente con gente que conocía a través del trabajo o con colegas de la oficina. Esto significaba no tener que estirarse; ya había un punto de referencia, un contexto en común, y no era necesario poner todo el esfuerzo que implica conocer gente nueva. Por lo tanto mientras mi carrera se desarrollaba relativamente bien—como debía ser, ya que le estaba dedicando veinticuatro horas por día—no existía balance. La mayoría de mis pensamientos y acciones estaban dedicadas al trabajo.

Eventualmente, recibí el mensaje: Ésta no era una forma linda de vivir. Pero me fue necesario vivir ciertos dramas para que el mensaje me alcanzase.

Llegó un punto, en el que trabajé tanto y tan intensamente que desarrollé una neumonía. El doctor me dijo: "O usted se interna en el hospital o consigue a alguien que la cuide en su casa. Tiene estas dos opciones antes de retirarse de la oficina." Mi madre se tomó un avión y vino a verme. Durante mi segundo día en cama me di cuenta lo grave que me hallaba. Tuve que ausentarme del trabajo tres semanas y quedarme en casa.

Una semana después, mientras mi madre me dejaba un jugo al lado de mi cama, me miró y me dijo: "Sabes, es tiempo de que te preguntes qué es lo Dios está tratando de transmitirte. Claramente, Él te ha obligado a detenerte."

Así y todo, no lo realicé. No aprendí la lección en ese entonces.

En otra ocasión, volé a una ciudad para acudir a algunas reuniones, luego de haber estado fuera de casa durante dos semanas. Mis viajes de negocios eran como un reloj; bajarme del avión, recuperar mis valijas, ir al despacho de alquiler de autos, alquilar un auto. Salí del estacionamiento del aeropuerto, comencé a conducir por la ruta, y de golpe tuve un ataque de pánico total. No tenía idea de adónde me estaba dirigiendo ni adónde tenía que ir. Me aterroricé.

Paré al lado de la ruta y me quede sentada ahí, no puedo ni comenzar a describir el abrupto terror que se apoderó de mí. *¿Adónde estoy?* Los pasos obvios a seguir hubieran sido—sacar mis mapas, mirar mi itinerario—pero no se me ocurrieron. Había perdido mi memoria y mi mente y lo único que atiné a hacer fue quedarme sentada ahí.

Lo próximo que recuerdo son unos faros detrás de mí, alguien golpeándome la ventanilla, y un oficial de la policía preguntándome: "Señora, ¿está bien?" Yo le respondí: "No sé adónde estoy." Él volvió a preguntarme: "¿Se encuentra bien?" Y yo le dije: "No, estoy realmente exhausta y confundida."

Él me informó adónde me hallaba, y entonces, gracias a Dios, me volvió la razón por la cual me encontraba ahí. Le pude explicar por qué me hallaba ahí, el lugar adónde estaba yendo, hasta dónde debía conducir. Tuve que convencer al oficial de que me hallaba apta para hacerlo. "Bien," me dijo él, "pero usted necesita descansar."

Yo me fui pensando: *No, lo que necesito es cambiar de vida—eso es lo que debo hacer.*

Otras veces me despertaba en el medio de la noche, en algún cuarto de hotel, preguntándome en que ciudad me hallaba. Y teniendo que concentrarme intensamente para poder orientarme nuevamente. ¿Algo de esto le suena conocido?

Llegó un punto en el que yo concurría a la iglesia en la ciudad donde vivía y me sentía fuera del círculo ahí también. No me sentía parte de la comunidad en el lugar donde vivía. No estaba viviendo; estaba existiendo— y sólo para beneficio de la gente que me pagaba. Ni siquiera lograba disfrutar de los frutos de la labor que estaba realizando.

Finalmente, pensé: *Es Dios quien me ha traído hasta aquí. ¿Tengo el tipo de vida que honra el propósito del camino que Él ha elegido para mí? Tengo una carrera pero, ¿qué más he construido?* Es ahí donde empecé a comprender la falta de balance que tenían mis días, y a observar intensamente lo que me faltaba.

Me llevó no uno pero dos episodios de neumonía, un toque de amnesia de vez en cuando y llegar a mis treinta y tantos años para comprender. Pero la diferencia en como perseguí yo mi carrera de ahí en adelante fue enorme. Ahora, cuando me entrevisto para una nueva posición, pongo mis límites inmediatamente.

Les digo algo por el estilo: "Visito a mis padres para sus cumpleaños y para las fiestas. Ocasionalmente me tomo tiempo libre para hacer viajes misionarios con mi iglesia. Me voy del trabajo los martes a las cinco de la tarde en punto, ya que asisto a un oficio eclesiástico en mi iglesia. ¿Aceptan mis condiciones? Si no, demos por terminada esta entrevista ya. Yo no les serviré a ustedes y ustedes no me servirán a mí." Lo digo todo de frente, ya que no quiero que me empleen con la expectativa de que yo me convertiré en una sirvienta contratada.

En mi trabajo, yo ahora delego más, voy sólo a los eventos de negocios a los que "debo asistir." Agendo mis vacaciones con mucho tiempo de anticipación y le hago saber a todo el mundo que no haré cambios por alguna reunión de último momento. Tiene que haber una cuestión de vida o muerte para que yo cambie mi itinerario, ya que si soy tan importante entonces debería estar en otro lugar haciendo mucho más dinero.

Cuando usted establece un balance decente entre su vida laboral y su vida personal, obtendrá un efecto dominó. Si yo llego al trabajo a las seis de la mañana y aún me hallo ahí a las ocho de la noche, estoy estableciendo ciertas normas para la gente que me rodea, la gente a quien respondo, y esta no es la mejor de las normas. El mensaje que les estoy enviando manifiesta que para mí el trabajo es lo más importante, y si mi vida personal o mi familia sufren, mala suerte. Pero si yo hago un esfuerzo por balancearme, los demás se sentirán más cómodos acudiendo a mí para decirme: "Mi mamá está en la ciudad y me gustaría irme más temprano el viernes."

El balance proviene de tener sus prioridades en orden. Piense: *¿Qué es lo que necesito alcanzar hoy para poder vivir mis prioridades de la manera en que yo las interpreto?* En mi caso son Dios, mi esposo, la familia, el trabajo, mis placeres personales y los premios.

Establecer un orden de prioridades de este modo no es tan fácil como parece y usted puede no sentirlo naturalmente, sobretodo después de una vida de hacer las cosas de manera opuesta. De vez en cuando, aún debo recordarme el analizar o medir mi semana de trabajo y tener cuidado con qué me comprometo.

Si usted también reconoce que su adicción al trabajo ha dominado su vida, quizás sea tiempo de pensar más cuidadosamente sobre como la está administrando. A usted le han sido dados un número X de años en esta tierra. ¿Qué está haciendo con ellos? ¿Está cumpliendo con lo que Dios dispuso para usted? ¿Se ha preocupado por descubrir cual es su misión en este mundo, o ha estado demasiado ocupado trabajando? Descúbralo. Porque algún día, igual que el hombre con los talentos, usted también será cuestionado para ver que hizo con lo suyos.

## Entréguele Todo al Trabajo Mientras Esté en el Trabajo

Entregarse completamente al trabajo mientras está en el trabajo es la otra cara de la moneda. Cuando usted está ahí, ser un buen administrador de su vida laboral significa entregarse enteramente.

Todos corremos el peligro de tomarnos recreos mentales ocasionalmente. Inevitablemente, la vida se mezcla con el trabajo. Hay días en que usted debe llamar al doctor, le ha ocurrido algo a los niños o hay un problema en su casa. Estamos sentados en nuestros escritorios pero sólo un 75 por ciento está realmente presente. Sin embargo, es cuando consistentemente no está presente en el trabajo, que comienzan a ocurrir los problemas. Sucede mayormente cuando los empleados comienzan a sentir que su compañía no les es leal y que por ende no le deben nada. Eso no es verdad. Ahí es donde entra el deber de hacerse cargo: Si a mí me han empleado para hacer mi trabajo con la mayor destreza posible, esa es mi asignación, a pesar de lo que yo piense sobre la lealtad de la compañía hacia mí.

Yo he atravesado períodos así. La imposición de una nueva política, un nuevo jefe, un cambio en la organización, cosas que me llevan a poner las horas pero no el compromiso. Estoy escatimando. He tenido que reprenderme para proseguir mi tarea—tomar responsabilidad y darle mi plena atención mientras pienso en otras opciones.

Quizás la compañía esté equivocada. Pero dos equivocaciones no ayudan.

Una mujer que trabaja para una importante organización financiera describe esta situación. "Yo dirigía el programa de asistencia para empleados," dice Claire, "y durante diez años, bajo mi dirección, el departamento se había abierto hacia una variedad de áreas nuevas. Comenzamos haciéndonos cargo de cuestiones de salud básica y de salud mental. Ampliamos el servicio para proveer asesoramiento sobre alcoholismo, manejo del estrés, asesoramiento sobre jubilaciones, entrenamiento ejecutivo, la familia—asesoramiento sobre el balance entre la vida y el trabajo—esfuerzos que valían la pena y eran estimulantes. Mi equipo y yo llegábamos a conocer más de mil personas por año.

"Luego vino el cambio. Esencialmente, estaban achicando mi depoartamento y quizás eventualmente lo abolieran, aunque nadie lo había dicho en esas palabras. Algunos de los servicios que proveíamos ya no se originaban en mi departamento, con el propósito obvio de recortar costos, pero me vi obligada a despedir a alguna gente de mi equipo. Mucho de lo que habíamos estado haciendo se transformó en algo menos importante o simplemente dejó de ocurrir. Nuestros esfuerzos ya no estaban consolidados ni tenían el nivel de atención necesario para poder triunfar.

"Y eso, por supuesto, nos llevó a *Bueno, Claire, ya no*

*estás haciendo tan buen trabajo; no estás teniendo éxito.* No podía tener éxito porque ya no estaba recibiendo el apoyo que necesitaba. Me era imposible ganar."

Claire tomó la actitud "que se vayan al diablo," con respecto a su trabajo. "Comencé a pensar: *Pues, bien, no pretendo jubilarme en este lugar dentro de veinte años. Me están pagando para que me presente todos los días, y así lo haré, pero no les daré mi todo.*"

Cualquier organización para la que usted trabaje tiene derecho a cambiar la dirección de su negocio. A menos que el edificio lleve su nombre, la compañía puede hacer lo que desee. Por lo tanto pregúntese a sí mismo de forma productiva: *¿Debería hablar con mi jefe sobre otros recursos? ¿Existirá la posibilidad de que me asignen otra posición? ¿Podré obtener más información sobre lo que sucederá en los próximos seis meses o en el próximo año y de que modo podría yo ser acomodada a esos planes?* Y a veces la pregunta es: *¿Debo permanecer aquí, o buscar otro tipo de ambiente?*

## Persiga Algún Sueño

Quizás no sea un sueño en particular pero una fuerte sensación de que hay algo más—o diferente—para usted allá afuera. ¿Puede intentar alcanzarlo? Y si no lo logra, ¿qué significa esto con respecto a ser un buen administrador de su vida? Cuando usted no se da la oportunidad, sea como fuere, las consecuencias se expanden inevitablemente de maneras negativas.

Una amiga cuenta esta historia: Connie tiene una vida muy ocupada, trabaja todo el día, tiene marido y tres niños menores. Ella contrató a una empleada doméstica que odiaba ser empleada doméstica.

Connie dice: "Me topé con este dicho del Evangelio de Tomás. 'Si usted revela lo que se halla dentro suyo, lo que revele lo salvará. Si usted no revela lo que se halla dentro suyo, lo que no revele lo destruirá.' Yo pensé: *O, eso me revela todo sobre Lisa,* la empleada doméstica que contratamos.

"Lisa vive en el vecindario. Tiene dos hijas, a las cuales cuida su madre. Hace mandados para alguna gente, cuida y limpia casas para varias familias y hace comidas por encargo. El marido de Lisa se da maña para hacer arreglos en las casas, además de ser carpintero, y aparentemente está contento con su status quo. Lisa ansía más. De hecho, me lo dijo en repetidas ocasiones: 'Este no es el tipo de vida que yo quiero.'

"Esto afectaba su trabajo con nosotros, ya que yo le pedía que hiciese ciertas cosas en la casa, que ella sentía que estaban por debajo de su persona. Un día estábamos teniendo una pequeña confrontación por teléfono sobre este asunto, y ella me dijo secamente: 'Yo no quiero esto. Puedo ser más que una empleada doméstica.' Yo le respondí que no estaba en desacuerdo con ella, y que probablemente debía descubrir de que se trataba ese más, y que lo persiguiese, pero que por ahora yo la había contratado para este trabajo. Ella comenzó a llorar. Dijo: 'Mi madre no me mantiene, mi marido no me mantiene; y ellos no terminan de entender por qué yo no estoy satisfecha con lo que tengo.'

"Se convirtió en una situación insostenible. Al final de su estadía con nosotros, tenía una actitud negativa hacia casi todo lo que le pedíamos. Realmente era solo una limpieza liviana de rutina cotidiana, alguna ropa para lavar, las tareas típicas que uno espera de una empleada doméstica. Yo me sentía mal por ella. Creo que tenía ambición y empuje, pero estaba rodeada de gente en su vida que pensaba que algo en ella estaba mal. Yo diría que no estaba revelando lo que se hallaba dentro de ella, y lo que no estaba revelando la estaba destruyendo."

Si no le gusta lo que está haciendo, búsquese algo que le guste. Esas son palabras fáciles pero difíciles cuando se trata de vivirlas. Para muchos de nosotros— la mayoría, realmente—hacer dinero viene primero. Sentir satisfacción por la manera en que hacemos dinero es agradable pero no crucial. Y las opciones no son siempre aparentes. Pero yo creo que cuando usted se siente miserable, Dios le hace saber que lo correcto es buscar otro lugar. Si no, usted no sólo permanecerá sintiéndose miserable pero también se descargará con la gente con quien o para quien trabaja.

Esto se ve constantemente. Ingrese a algunos establecimientos, requiera el servicio de alguien que se supone que lo debe atender, y estará cara a cara con una persona obviamente descontenta y enfadada. Como cliente usted pensará: *Consígase un trabajo donde pueda sonreír.* En reuniones de la vida corporativa se ve claramente cuándo alguien no quiere estar donde está, no quiere estar haciendo lo que él o ella supuestamente deben hacer. Se nota, siempre. No es la forma de vivir esta única vida que nos da Dios.

La historia de Lisa, la empleada doméstica, tuvo, aparentemente, un buen final. Connie dice: "Hablé con ella recientemente. Esto fue un año después de que dejara su trabajo con nosotros. Durante ese tiempo ella había conseguido una licencia para vender bienes inmuebles y estaba envuelta activamente en ese negocio. Se hallaba radiante, y mucho más feliz. Era otra persona. Me contó también que su matrimonio había terminado. Por lo tanto haber revelado lo que se hallaba dentro de ella de alguna manera la salvó, pero tuvo que pagar un precio alto. Quizás no había sido un buen matrimonio a través del tiempo y ella estaba contenta de estar fuera de él; realmente no lo sé. Quizás todo cayó en su lugar porque así tenía que ser."

Una llamada puede emerger lentamente y apuntar hacia algún plan futuro, aún sin forma.

Edie trabaja cómo gerente de proyectos y escritora

de perfiles en el departamento legal de una compañía farmacéutica. Ella ingresó a la compañía recién salida de la universidad hace siete años y ha escalado varios rangos durante ese tiempo. No planea cambiar de trabajo en un futuro cercano pero ha estado pensando mucho sobre su vocación en la vida.

Edie dice: "Yo comencé cómo voluntaria con el programa de alfabetización Head Start, mientras cursaba la universidad, trabajando para ayudar a capacitar gente a leer y escribir, y he estado haciéndolo desde ese entonces. Cuando comencé, no tenía idea lo gratificante que sería esta experiencia. No sólo estaba ayudando a niños, habilitándolos para que pudieran leer con más destreza, si no que también sentía que ellos esperaban mi llegada ansiosamente todas las semanas, al igual que yo. Aprendí cuan importante les era tener una persona extra en sus vidas que se preocupara por ellos y se hiciera el tiempo para verlos. Ellos comenzaron a abrirse, con una actitud mucho más positiva.

"Yo trabajo con niños y adolescentes, específicamente con niñas que tienen problemas de adaptación y autoestima, y comprendí la importancia que tiene un mentor y la necesidad que hay de instaurar programas de apoyo al adolescente. Y eso me llevó a sentir el deseo de trabajar algún día en la industria de los servicios para la humanidad. Estoy siguiendo una licenciatura en psicología aplicada. Eventualmente, me gustaría obtener un doctorado y trabajar en la industria de los servicios para la humanidad, quizás enfocándome en programas de atención y mejoramiento de la comunidad, como mentora, o sirviendo a algún comité como defensora de la salud, y por último prosiguiendo con estudios sobre el bienestar holístico.

"Creo que cada trabajo nos acerca más a la llamada. Cada pequeño paso es parte del progreso. La experiencia que tuve trabajando como gerente de proyectos me ayudó a organizarme y planear mejor las metas que quiero alcanzar en mi vida. Mi experiencia como escritora de perfiles revisando casos de productos riesgosos me hizo tomar conciencia de la crisis de salud que existe y la necesidad que hay de un amparo holístico.

"Esta cita me gusta: 'Sólo a través de la realización de que cada ser humano tiene la oportunidad de devolver lo que le fue otorgado, puede la especie humana alcanzar su verdadero potencial.'"

Se condensa en un propósito.

Un hombre tuvo una repentina confrontación en su vida. Eric trabajaba en un banco, en un empleo que le aburría, y una noche fue a ver una obra de teatro con unos amigos. Le causó un efecto inesperado, el de "despertarlo bruscamente," dice él. "La obra se llamaba *Sailor's Song*, de John Patrick Shanley. Algunos fragmentos del diálogo me pegaron fuertemente, volví y lo investigué, porque quería recordar las palabras. El personaje principal, un marinero, dice en cierto momento que había andado por todo el mundo, pero que no podía hallar el por qué de su vida. 'Alguna causa que lo ayude a descifrarlo, algo que lo coloque del otro lado, junto a la gente que sí sabe por qué está viva.' Sin eso, dice él: 'Soy solamente otro hombre que espera la muerte.'

"¡Ay! Ese era yo. Decidí que había sido demasiado haragán como para perseguir y descifrar esa causa por mí mismo."

La monotonía de su trabajo lo estaba aniquilando. Eric dice: "Uno pensaría que si está haciendo algo aburrido el día entero para hacer unos pesos, a la noche o durante los fines de semana estaría listo para entretenerse. Sin embargo, yo estaba cansado—cansado no en el sentido de dormir poco, si no mentalmente cansado. O espiritualmente cansado. Probablemente, yo haya estado algo deprimido. Aún soy joven, y comencé a pensar que nada bueno, originado en este lugar, podría sucederme a largo plazo."

Él trabajaba mayormente con un grupo de hombres, y todos habían arribado a empleos bancarios de manera similar. "Todos éramos licenciados en economía en la universidad. Nos reclutaron en cuanto nos graduamos, aunque dos de ellos también querían seguir un Máster en Gestiones de Empresas. Yo compartía mi espacio con un muchacho llamado Paul, comencé a prestarle atención a como se manejaba él en su trabajo, y noté la diferencia entre él y yo. Él simplemente amaba ese trabajo. Trabajaba mayormente como agente de inversiones. Una vez, estaba por partir hacia Los Ángeles por un par de días para arreglar una venta de aviones, y estaba fascinado, feliz. Hacer ese negocio lo hacía sentir vivo."

Eric finalmente se confrontó con él mismo. Dejó el banco y se empleó en un trabajo enseñando francés en un instituto secundario. "A mí siempre me gustó el ambiente académico. Estudié francés durante todos mis años en la escuela secundaria, me especialicé en esta asignatura y me gradué en la universidad, y cuando conseguí este espacio para enseñar, me sentí como pato en el agua. Esta vida es totalmente diferente que la del banco. Los horarios son diferentes. La interacción con la gente es diferente. La ropa que uso es diferente. El dinero que hago es completamente diferente. El año que viene será mi tercer año ahí, y estoy llevando un pequeño grupo de estudio a París durante las vacaciones. Está todo bien."

## Procure Alcanzar el Balance

Yo le pedí a Anthony, un programador de computación, que me hable sobre el concepto de vivir una vida balanceada—lo que significa y como saber si usted lo ha logrado.

Lo pensó durante largo tiempo. Y luego me escribió la siguiente respuesta:

Quiero hablarles de mi padre.

Él murió hace dos años, a los noventa años. Llegó a Estados Unidos cuando tenía alrededor de tres ó cuatro años, creo que con su familia, desde Austria. Ellos se establecieron en Nueva Jersey, y los niños—mi padre, sus dos hermanos y dos hermanas—comenzaron a trabajar a una temprana edad. Él hizo todo tipo de trabajos raros. Luego aterrizó en un trabajo dentro de la compañía telefónica y se pagó su propia educación en la universidad trabajando medio día, con un lapso de dos años entremedio en el cual se quedó sin dinero.

Finalmente, con un grado de ingeniero electrónico, decidió quedarse en la compañía telefónica hasta jubilarse a la edad de sesenta y cinco años. Él se casó con mi madre, dieron luz a mis dos hermanas y a mí, y creo que nunca faltó al trabajo ni un solo día durante cuarenta años. Él era un viejo lobo de mar, nunca se enfermaba, y si eso ocurría lo ignoraba. Él tenía esa ética de trabajo indomable.

Pero aquí es donde entra la idea del balance.

Él y mi mamá eran completamente distintos en lo que a intereses se refiere. Ella era artística, tenía algo de artista en ella. Le gustaba el teatro y concurría a museos. Papá era atlético, le encantaban los deportes y la actividad física en general. Una vez me contó una historia, cuando el ya era un hombre grande y mamá había fallecido. Ellos tuvieron una luna de miel de cuatro días en Bermuda cuando se casaron. Él llevó sus palos de golf y le compró a ella un juego de palos para zurdos. Ella era zurda. Él tenía la visión de ambos jugando al golf juntos. Pero cuando llegaron ella no quería saber nada. Los palos nunca salieron de la valija.

La mañana antes de que volvieran a su casa, él se fue al campo. No había nadie alrededor. Tiró la pelota y comenzó a caminar detrás de ella. Cuenta que luego se topó con un plátano, que tenía bananas maduras, se sentó debajo del árbol y lentamente se comió una banana. Permaneció ahí durante largo tiempo, luego recogió sus palos y caminó de vuelta hacia el hotel.

Hay algo tan conmovedor en esa escena para mí. Obviamente estoy imaginando esto, pero lo veo desentrañando ciertas cosas en su mente. Pienso que en ese momento se imaginó lo que le esperaba, y sabía que no iba a ser tan fácil. Quizás le tocaría estar solo en algunas cosas.

Volvamos al tema del "balance." Durante toda su vida él estuvo envuelto en deportes. En la universidad corría, hacía gimnasia, nadaba. De adulto,

formaba parte del equipo de *bowling* que se adies-
traba los martes a la tarde, cosas que se hacían en
esa época. Él jugaba golf lo más seguido posible.
Iba a pescar. Teníamos una casita de verano, un
bungalow afuera, en la isla, y durante los veranos él
viajaba a diario desde la ciudad, tomándose el subte
y haciendo dos largos viajes ya que el tren le salía
demasiado caro. Cuando él llegaba, al final de esas
tardes de verano, se iba a la playa y nadaba en el
mar durante largo tiempo. A veces yo iba con él y lo
miraba nadando enérgicamente, allá afuera en el
océano. Hacía todas estas cosas solo.

Él se ocupaba de mis abuelos, los padres de mi
madre, que vivían con nosotros durante los veranos.
Nadie más sabía conducir un auto, y él se hallaba
siempre transportando gente de aquí para allá. Se
ocupaba del bungalow. Le colocó un techo nuevo,
construyó una habitación en la parte de atrás, volvió
a cablear todo el lugar. Nunca tuvieron demasiado
dinero, pero nos pagó la universidad a los tres.

Yo no recuerdo a mí ni a mis hermanas agradeciéndole nunca por nada, deberíamos sentirnos
avergonzados. Pero él jamás actuó como si esperara
que le diéramos las gracias.

Era un inventor aficionado de todo lo que tenía
que ver con la electrónica. Cuando se jubiló, entró
en un hospital de niños con enfermedades cróni-

cas, y comenzó a fabricar una serie de muñecas con latidos de corazón simulados, para ellos. Aparentemente, calmaban a los bebés enfermos, de acuerdo a la investigación que él hizo. Hacía todo esto en su lugar de trabajo situado en el sótano. Pasaba horas en ese lugar mientras mi madre andaba por ahí haciendo sus cosas.

De todas formas, pienso que mis padres tuvieron un buen matrimonio, muy robusto. Lo debe haber sido, ya que pasaron sesenta y un años juntos. Creo que él era un hombre feliz, por lo menos en paz consigo mismo. Tenía su carrera profesional, su amor y responsabilidades familiares, su vida atlética, sus pasatiempos y sus buenas obras. Un balance de todo.

## *Sea el administrador de*
## SU TRABAJO Y SU VIDA

- Hágase responsable de la gente que usted lidera.

- No le entregue su vida al trabajo.

- Entréguele todo al trabajo mientras esté en el trabajo.

- Persiga algún sueño.

- Procure alcanzar el balance.

# SIETE

# Legado

*Marcándoles el Rumbo a los que nos Siguen*

En una reunión de negocios con profesionales, sugerí que debatiéramos la idea del legado y que pensábamos cada uno de nosotros que dejaríamos como legado. Un hombre dijo: "Yo no me siento tan eminente como para asumir que voy a dejar un legado." Creo que él pensó que estaba respondiendo con humildad.

Les guste o no, lo planeen o no, lo crean o no, todos dejamos un legado de nuestras vidas y días de trabajo. Dejamos un mensaje acerca de quienes fuimos, en que creímos y como trabajamos. Nuestros hijos y las personas con quienes compartimos trabajos nos recordarán por las historias que les contamos, por la forma en que nos vieron elegir nuestras prioridades, el trabajo, la familia y toda la gente a quien conmovimos en nuestro sendero. Cuando usted se halla en un rol que le permite moldear la vida de otro ser humano, sea la de su propio hijo o la de un compañero de trabajo, esto se convierte en algo muy serio e importante, un privilegio. No tiene demasiado que ver con ser eminente. De hecho, no implica necesariamente que usted se halle en posición de liderazgo o dirigiendo un equipo. Todos dejamos una marca.

Durante el curso de una carrera, crear un legado que valga la pena puede ocurrir de dos maneras. Una es a través del modelo de los principios espirituales que hemos debatido en este libro—integridad, perdón, fe, humildad, administración. Este es un trabajo progresivo, desde el primer día hasta que cerramos la puerta y apagamos la luz por última vez. No es sólo Dios el que está siempre vigilándonos, pero también la gente que nos rodea. Todo el mundo, en todos lados, todo el tiempo, y a veces ni siquiera realizamos realmente quién se da cuenta. Pero, a menos que usted este trabajando en soledad en una isla desierta, su carrera y sus días de trabajo están siempre actuando delante de una audiencia. Su comportamiento juega el rol de modelo—para mejor o para peor. Todo se retroalimenta en el legado que usted crea.

Luego están las acciones que tomamos conscientemente, como abrir puertas activamente y extender una mano a los que vienen detrás nuestro, a través de esfuerzos productivos o quizás convirtiéndonos en mentores, formal e informalmente. Quizás usted se convierta en la voz de la gente que no tiene voz, o cuente su historia con la esperanza de que otros se enriquezcan con ella.

Lo que realmente significa dejar un legado es tomar el rol de modelo, mentor y otras formas que puedan dejar marcas. Tener una relación con Dios significa que lo estamos reflejando a Él en el mundo. Por lo tanto, las cosas que decimos o no decimos, las acciones que tomamos o no tomamos, se encargan de proyectarle a los demás, de maneras pequeñas, quien es Dios.

## Intente Conectarse con los que No Son Como Usted

En los lugares de trabajo, especialmente para la gente de color y las mujeres, hay aún un largo camino que debemos transitar hasta lograr que nos escuchen y nos tomen en cuenta. Todos hemos tenido sentimientos o experiencias desagradables o injustificadas, a causa de nuestro género, cultura o edad.

He tenido ocasiones, en la vida corporativa, de envolverme y liderar programas y prácticas de desarrollo acerca de la diversidad. Mis experiencias personales como inmigrante, mujer y latina, así como las describí en capítulos anteriores, ciertamente me han impulsado a convertirme en defensora de la inclusión de todo tipo de gente. Todos debemos tener un lugar en la mesa. Esto es bueno para el negocio.

Los desafíos que he experimentado en mi carrera me han inspirado y educado. Llegué a comprender lo siguiente: La diversidad es algo que todo el mundo, al nivel que sea, debe alentar. La población masculina blanca, históricamente, es la que ha estado dirigiendo el espectáculo. Por lo tanto creo que la responsabilidad recae ampliamente sobre este grupo, el cual debería crear un ambiente de trabajo más equitativo. Y tanto las mujeres como la gente de color deben tomar consciencia sobre la necesidad de inclusión y trabajo que aún queda por hacer, para así poder promoverlos en todo ambiente de trabajo. No tendremos el esbozo completo a menos que todas las piezas del rompecabezas estén representadas en los lugares dónde se toman decisiones importantes.

La diversidad no sólo se trata de asegurar prácticas de empleo justas—fijándose que las mujeres y minorías estén totalmente representadas. En las organizaciones en las culaes yo he trabajado, esto también significa llegar a los segmentos del mercado multicultural. Si, por ejemplo, sabemos que un X número de latinos y un X número de afro-americanos usan nuestros productos, ¿estamos publicitándolos en un medio que ellos sin duda alguna miran?

Sin embargo, a nivel personal, de uno a uno, hay

oportunidades de abrir diálogos más amplios y promover la comprensión. Esta es frecuentemente una jugada difícil. Realmente, nunca se llega a saber del todo la experiencia de vida que tuvo otra persona y como fue moldeada por ella. Eso a veces produce momentos raros o un comportamiento defensivo o demasiado correcto políticamente, y esto interfiere en que la gente pueda comunicarse con comodidad y conectarse de verdad.

Una mujer que trabaja en una importante firma inmobiliaria contrató a una nueva asistente administrativa de descendencia asiática. Polly dice: "Esta joven, Lily, tenía un muy buen currículum y no dudé de que ella encajaría perfectamente en nuestra firma. Se familiarizó con el trabajo inmediatamente. Tenía unos modales telefónicos excelentes. Me intrigaba también como lucía. Ella era una persona muy delgada, un tamaño dos, diría yo. Tenía un pelo negro lacio y brilloso. Se vestía maravillosamente. Un día, simplemente por curiosidad, le pregunté: 'Lily, ¿eres coreana?' Ella hizo una pausa de un par de compases, y luego me respondió que si, que lo era, y se dio vuelta hacia su computadora.

"No sé exactamente como explicarlo, pero tuve la sensación de que la había ofendido. Había detonado algo en ella. Me quedé pensando en eso toda la tarde. ¿Fue una pregunta descortés? ¿Debería yo haber sabido de dónde era por su apellido, lo cual realmente no sabía? O, y esto es terrible, ¿parecía que yo no sabía diferenciar entre coreanos, japoneses, chinos o lo que fuese, porque todos lucen similares?"

Un par de días después Polly invitó a su asistente a almorzar. "Le pregunté por su familia, y ella me contó que había crecido en el Sur de California, que su padre se dedicaba a la importación, que tenía una familia extensa, que todos se reunían para las fiestas y hacían grandes cenas. No le dije nada de que sentía que quizás la había ofendido.No fue necesario. Yo estaba genuinamente interesada en lo que ella me estaba contando, y tuvimos una linda charla. Creo que ambas nos sentimos cómodas hacia el final, y hasta le dije ¡cuán envidiosa estaba de su hermoso cabello!"

Otra mujer describe el ambiente del lugar donde trabaja así: "Ellos allá y nosotros acá. Tenemos un equipo de amplia diversidad; pero no hay hostilidad. Los que son minorías se agrupan y los que no son minorías también se agrupan cuando se trata de reunirse; tomarse algún recreo, café o salir del trabajo. No hay demasiada interacción."

Probablemente, mezclarse más sería bueno para todos nosotros. Las leyes dictan lo que podemos y lo que no podemos hacer en muchas de estas cuestiones relacionadas a la diversidad. Pero las leyes no moldean nuestros corazones. Y tanto la gente de color como las minorías pueden tener una historia o bagaje que los demás apenas pueden imaginar. Polly, la mujer que contrató a la asistente coreana, dice: "Recuerdo que hace años, en el colegio secundario, yo tenía una amiga china. Un día después del colegio, fuimos a un restaurante a tomar una Coca-Cola, el camarero miró a mi amiga e hizo un comentario racial desagradable. Él pensó que era gracioso; estaba riéndose. Mi amiga no dijo nada, pero nunca más volvimos a ese lugar. Yo conecté este incidente con el de Lily, pensando en que si alguien se ha topado con incidentes así mientras crece, seguramente le queden cicatrices. Y sospeche de las intenciones y el sentido con que la gente le dice las cosas. Mientras tanto, al que está del otro lado de la cerca, tampoco se lo puede comprender en su totalidad y uno se pregunta que es lo que puede haberle provocado un comportamiento tan inadecuado."

Ponerse en el lugar del otro con empatía siempre nos enseña algo. Es derrumbar las paredes entre la vida espiritual y la vida laboral de todos los días. La relación con Dios nos lleva a entender que no deben existir esas paredes.

Personalmente, mi práctica siempre ha sido no pasar todo mi tiempo con gente igual a mí. Por momentos yo me aburro de mí misma—mis propios pensamientos, mi modo de ser. Estar en un cuarto rodeada de gente como yo me aburre doblemente, me resulta exhaustivo. Necesitamos gente alrededor que nos despabile a otra realidad y nos muestre algo nuevo y diferente.

## Esté Ahí para los Niños

Un hijastro adolescente entró en mi vida hace unos años. Mi hija nació después. Por lo tanto—algo más tarde en la vida, a los cuarenta años—he pensado mucho sobre este asunto de los niños y el legado.

Ser un padrastro es un gran regalo y un deleite. Amo a mi hijastro, deseo que él tenga una vida buena y exitosa, y lo incluyo en mis oraciones de todos los días. Hay momentos en que yo puedo entrar en su vida y darle consejos, y él me escucha de una manera que quizás no haría con sus propios padres. Estas son oportunidades únicas para poder ofrecerle cierta guía. Él me dice: "Claro, seguro, mi mamá diría eso, mi papá también; eso es lo que dicen los padres, siempre." Y yo me encuentro en la posición de poder responderle: "Bien, pero yo te lo digo desde otro lugar que no me concierne, sin intereses, y así y todo esto es lo que pienso," y demás. Esa es la parte agradable, sentirse relativamente libre de la tensión padre-hijo. Él y yo podemos ser amigos.

Para mí es una bendición pensar que él tiene quince años en este momento y que en otros quince años, tendrá treinta y yo lo voy a haber conocido desde que tenía doce años. Deseo que esta relación se convierta en algo más robusto aún que la que tenemos ahora, de adulto a adulto.

Con mi nueva hija, mi esperanza es también hacer la

misma transición, del adulto que enseña y establece reglas y guías, a una amiga en la que pueda apoyarse. A
través del tiempo estoy segura que ella también se beneficiará de la vida interesante y productiva que yo he vivido. De alguna manera, ella heredará el conocimiento
y experiencia que yo he adquirido en el mundo laboral.
Visualizo a mi pequeña niña acudiendo a mí con algún
problema o preocupación, y yo diciéndole: "Bueno chica,
déjame contarte sobre algunos momentos en que la
gente tampoco me aceptaba a mí" o "Yo también estaba
segura de que fallaría, pero no fue así y he aquí el porqué." Convertirse en padre a una edad algo más avanzada luego de un par de décadas en el mundo laboral
tiene su lado positivo, uno puede pasarles a los hijos conocimientos de mucha utilidad. Pero aún más importante y el mejor regalo que podemos dejarles a nuestros
hijos es el legado de padres que rezan.

Hay un dicho en las escrituras: Entrene a un niño a
seguir cierta dirección, y cuando él sea grande no se
desviará.

Mi hija e hijastro encontrarán su propio camino a
Dios. Esto es personal, siempre. Obviamente, mientras
mi hija sea una niña pequeña, concurrirá a la misma
iglesia, y participará de las mismas cosas que nosotros,
e intentaremos legarle ciertos valores. Sin embargo,
así como hubo un momento en mi vida en el cual le dije
a Dios, *Aquí estoy,* ella también tendrá que hacerlo por

cuenta propia. El hecho de que yo camine con Dios y tenga una relación con él no significa que ella automáticamente la heredará. Pero lo que si heredará es el legado de padres que tienen una relación con Dios, ya que ella es testigo de lo que eso significa en nuestras vidas, tanto en el trabajo como en casa.

Yo rezo por mi hija de la siguiente forma: *Dios, que ella llegue a conocerte y que te conozca de manera aún más poderosa que la mía, que ella tenga aún más revelaciones que las que tengo yo, que su fe sea constante, para que la próxima generación logre ser más potente espiritualmente.* De ahí en adelante, Dios se hará cargo de Su parte para conmover su corazón.

Quería denominar a esta sección "Esté Ahí para los Niños" porque esa noción llega al centro de cómo se congregan la vida laboral y la vida familiar. ¿Qué significa "estar ahí"? Es ya una cuestión antigua; se han escrito páginas enteras sobre el tema de las madres que trabajan y las que se quedan en la casa. En este caso lo pienso como un legado, como el mensaje que les dejamos a nuestros hijos. Tiene que ver con el propósito y la llamada espiritual, con el balance, y con saber cuando usted sabe que sabe.

ANN MARIE HABLA acerca de volver a trabajar en el campo de ventas al por menor después del nacimiento de su hija. "Yo volví a trabajar cuando ella tenía sólo tres meses. Hubo ciertas cosas prácticas que tuvimos que tener en cuenta. Estábamos todos cubiertos por mi seguro médico, y eso era importante. Mi esposo se trabajaba *freelance* por su cuenta como técnico de computación. Él podía hacer citas a su propio tiempo, por lo tanto se quedaba con la beba por las mañanas y luego la llevaba a lo de nuestros vecinos por la tarde.

"No era tan fácil, por supuesto. Pero nunca tuve la sensación de la que se habla, que como madre que trabaja nunca se está del todo en un lugar o en otro—en el trabajo, su cabeza está en su casa, y en su casa, está pensando en el trabajo. Quizás si hubiese tenido problemas con el cuidado de mi hija me hubiera sentido diferente. Pero yo amaba mi trabajo, quería estar ahí, y veía un futuro en él. Y yo amaba a mi hija y amaba ser madre.

"No mucho después de que volví, entró una jefa nueva. No era mucho mayor que yo, era muy dura, divorciada, el estereotipo de mujer ejecutiva. Ella llevaba a los empleados a reuniones de desayuno uno por uno. Llegó mi turno y yo no sentía deseos de ir. No fue un desayuno tan relajado, pero estuvo bien. Sin embargo, cuando nos íbamos, me dijo algo totalmente inesperado. Ella tenía dos niños chicos, y vivían en un apartamento a treinta cuadras de nuestras oficinas. Me dijo: 'Yo jamás trabajaría en un lugar desde el cual no pueda

salir corriendo a pie si alguna vez a mis hijos les suce-
diera algo o me necesitaran.'Yo sentí una nueva admira-
ción por ella. Estoy segura que sus hijos sabían que
venían antes que nada. Y pensé: *Si uno tiene sus prioridades en orden, nada realmente se descarrila del todo.*

Hoy, la hija de Ann Marie tiene dieciocho años, "y es
la mejor muchacha que usted podría desear."

*M*ARA ES UNA MUJER NIGERIANA, entre-
nada como terapeuta fisiológica, casada con un médico.
Ella se describe a sí misma como "de tipo A fuerte."
Sabe que le llegó el turno de dejar su profesión para convertirse en madre de su hijo, en su casa.

En un correo electrónico, Mara me dice que considera un honor y un privilegio poder servir a Dios criando
una nueva generación de cristianos. Quizás algún día
vuelva al trabajo de la terapia fisiológica, "pero siento
que adónde debo estar ahora es aquí." Ella ve que su misión y su rol son en este momento parte de un esquema
más amplio, y es testigo de cambios que observa en su
persona, cambios positivos que no anticipaba.

*E*LEANOR, DURANTE SU ÚLTIMO MES de emba-
razo, fue propulsada por una amiga, a hacer un reco-
rrido del colegio de la ciudad dónde vivía, como futura

referencia. En ese momento, ella se debatía entre volver al trabajo versus quedarse en su casa, y tuvo una charla con el director de la escuela. La mayoría de las madres de los niños de ese lugar no trabajaban afuera de la casa, y Eleanor pensó que eso seguramente le haría la vida más fácil a todo el mundo. El director le dijo: "Le diré algo gracioso con respecto a eso. Pienso que las mujeres que retoman sus carreras tienen los mejores sistemas y el mejor sostén para sus hijos. Si un niño acá está actuando de forma extraña o se enferma, podemos tomar el teléfono y llamar a la madre, y dentro de unos treinta minutos habrá alguien aquí llevándose al niño. Se sabe adónde encontrarlas; tienen todo bajo control. Generalmente, a las madres que se quedan en la casa hay que rastrearlas. Pueden, por ejemplo, estar almorzando con alguna amiga o jugando al tenis."

Eleanor pensó que esa era una perspectiva única, y sintió consuelo. "Pensé en todas las habilidades que uso en el área corporativa, y m di cuenta que mucho de lo que he aprendido y de lo que hago bien me ayudará a ser una buena madre aunque tenga que volver a trabajar." Manejar el tiempo, los proyectos, estar a cargo de itinerarios, balancear intereses competitivos; tengo veinte años detrás de mí fortaleciéndome en ese tipo de cosas. O sea que no es que de repente ocurrirá, *¡Ay! ¿Cómo hago para aprender esto de ser mamá?*

• • •

$\mathscr{R}$OSE TIENE HIJOS MELLIZOS de cinco años. Ella dejó el trabajo cuándo ellos nacieron. Rose dice: "Mi mamá estaba siempre ahí cuándo yo era niña, y creo que eso es importante. Mi esposo es como el flautista de Hamelín. Lleva a los niños al campo de juego los sábados, y no pasan ni diez minutos que ya tiene otros quince niños siguiéndolo. En cambio, yo no soy juguetona, más bien diría que me preocupo por todo. Pero está bien. Tenemos dos niños felices y llenos de vida. Yo creo, en lo más profundo de mi corazón, que debo estar en casa con ellos. Estoy en paz con esto."

$\mathscr{E}$SE ES EL HILO QUE NOS UNE; paz en el corazón. Escuchar su llamada y conocer su propósito, en este momento. Algunos lo encuentran quedándose en casa; otros trabajando fuera de la casa. Para mí y para muchos otros se trata de responder a la pregunta: *¿Estoy usando mis habilidades y talentos de la manera que Dios quiere que las use?* Cuando los adultos están en paz, los niños también lo están. Y a medida que pasa el tiempo, ellos escuchan y observan lo que hacemos—una audiencia silenciosa del ejemplo que les damos, vivir con un propósito.

Yo recuerdo a mi padre.

Lo veía ponerse el uniforme todas las mañanas y conducir un camión de reparto de carne; bistec, y a veces una vaca entera. A la noche lavaba platos en una pizzería, en la calle dónde vivíamos. Él subió de rango en la compañía que empacaba carne y pasó de un trabajo de bajo rango a vendedor en la misma organización, con un auto de la compañía y clientes que debía visitar. Ahora está jubilado, pero aún trabaja medio día en el negocio de empaquetamiento de carne, un negocio en el cual ha estado casi cuarenta años. En el sur de Florida, todos lo conocen—dueños de restaurantes, dueños de supermercados y dueños de pequeñas bodegas. Algunos lo conocen desde la época en que él usaba el uniforme que llevaba su nombre, conducía el camión y transportaba carne, hasta el momento en que pasó a ser vendedor y usaba traje y corbata.

Recuerdo el tiempo en que jugaba softball o pateaba una pelota de fútbol. Mi padre siempre estaba en la tribuna, usando una camisa de vestir y corbata, a veces el único padre que se hallaba ahí a las 5:30 de la tarde en día de trabajo. Raramente faltaba a algún juego. Recién cuando entré en la vida laboral, noté cuantos de mis colegas masculinos se quedaban trabajando hasta tarde. Antes no realicé el precio que debe haber pagado mi padre en términos de promociones y subas de sueldo por dejar el trabajo "a tiempo" para ir a vernos jugar nuestros deportes. Hasta que yo no me convertí en adulta con opciones similares, no me di cuenta la elección que mi padre hacía todos los días y todas las semanas para poder estar ahí con nosotros.

Esa fue una gran parte de su legado a mi persona. Cuando se llega a este país como inmigrante, cuando le han quitado todas sus posesiones y la vida a la que usted estaba acostumbrado, hace lo que puede por sobrevivir. Trabaja duro, un paso tras otro. Pero lo más importante que él me enseñó fue que una vez que uno se convierte en padre, debe hacer elecciones importantes constantemente a favor de los que vienen detrás de él.

## Tiéndale una Mano a los que Vienen Detrás Suyo

Un hombre que se jubiló luego de una exitosa carrera en periodismo dice que la mejor parte de todo, la más gratificante y divertida, fue "tener mentores y luego ser mentor de otros." Ralph, un joven recién salido de la universidad, dice "Conseguí un trabajo en un pequeño diario en Ohio, y tuve la gran suerte de que me tocara como jefe un hombre notable. Él me tomó debajo de su ala y pasó todo el tiempo necesario conmigo explicándome lo que yo estaba haciendo mal y lo que estaba haciendo bien. Él tenía ojos de acero que casi nunca

sonreían, por ende no se lo podía querer. Tenía estánda-
res muy altos con respecto a la calidad del trabajo y no
andaba con vueltas. Decididamente no era de los que le
colocaba un almohadón para que la caída no fuese tan
dura. Pero sabía transmitir estos difíciles mensajes
bondadosamente. No eran personales, no se trataban
de usted; se trataban del trabajo. Él alzó mis normas y
me enseñó lo que necesitaba para ser mentor. Después
de ese empleo, yo busqué, en cada lugar en el cuál trabajé, alguien de esa especie. Y supongo que fui afortu-
nado de encontrar a esa persona cada vez. Hay una
cualidad muy especial que se debe tener para poder ser
mentor, ya que el individuo debe ser práctico, tener una
mente inclinada a los negocios y al mismo tiempo creer
genuinamente en el valor—se podría decir rectitud—de
transmitir una sabiduría adquirida a una generación
más joven o empleado sin experiencia. En el mejor de
los sentidos, también le sirve a uno mismo ya que logra
reflejarlo, hacerlo sentir bien y altruista."

Ralph terminó su carrera como vice presidente y
miembro más antiguo de una importante empresa de
comunicaciones, y en sus fiestas de despedida varias
personas hablaron de come él los había ayudado: "Estos eran individuos que no trabajaban para mí directamente. Me habían buscado a través del tiempo para
pedirme consejos, y algunas de esas relaciones dura-
ron años. A todos les ha ido bien. Y no bien sólo en el

sentido de obtener buenas posiciones en buenas compañías, si no que lograron adherirse a altos patrones de comportamiento. Pienso que mi rol tuvo que ver con eso. Y me satisface enormemente."

En mi propia carrera, yo también he tenido la agradable experienceia de tener mentores y de haber sido mentor de otros.

Hoy en día, muchas compañías tienen programas formales a cargo de mentores, en los cuales a un empleado se le asigna alguien que esté por encima de él y pueda servirle como maestro y consejero. En otros lugares de trabajo, la gente inteligente y ambiciosa busca sus propios mentores. Si usted tiene la suerte—y creo que esto es una bendición—de que uno o dos individuos que van ascendiendo en una carrera lo busquen, yo diría que su corazón se halla en el lugar correcto. Tómese ese rol seriamente y opere con sabiduría:

- Dedique su tiempo a desarrollar una relación. Organice almuerzos. Esté disponible.

- Aconseje con apertura y honestidad. Demuestre como cierta situación podría haber estado manejada de mejor manera. Hable sobre lo que está funcionando bien y sobre las áreas que necesitan atención.

- Ayude a la persona a la que le hace de mentor a navegar la política y estructura de la compañía. Ayúdelo a él o ella a aprender a manejarse en ese ambiente. Indíquele a él o ella la gente a quien debe dirigirse, los que saben solucionar problemas.

- Elabore un plan de trabajo.

- No asuma que se seguirán sus consejos y no se ofenda si esto no ocurre. Ofrezca lo mejor que tiene para ofrecer, eso es lo más importante que puede hacer. El resto es opcional.

- A veces, extender la mano y ayudar significa convertirse en el campeón del individuo que usted siente que vale la pena. Usted sabe el trabajo que él o ella pueden hacer. Usted lo ha visto a él o ella actuar con integridad y administrar bien su trabajo. Apóyelo cuando ve que quizás él no puede hacerlo solo. Hágalo conocer por cierta gente o lugares al que él no puede arribar por sí mismo, así su trabajo se hace notar. Quizás esta persona nunca realice el rol que usted ha tenido. Muchas veces el campeón queda como un héroe no reconocido. Pero esto forma parte de su legado en esta tierra.

A medida que usted avance en su carrera, se verá tanto en el rol de discípulo como mentor. Se comienza teniendo un mentor, y luego se evoluciona hacia el rol de mentor o campeón. Pero en el camino, es importante seguir abierto a ser discípulo, ya que esa relación en la que hay un diálogo amplio y honesto se retroalimenta y así usted logrará seguir creciendo. Es siempre un error creer que se ha alcanzado un nivel en el que se comprende o se sabe todo. Ninguno de nosotros llega a eso, jamás.

## Comparta Su Historia

Una escuela primaria de mi ciudad me invitó a dar una charla para algunos de sus estudiantes en el aniversario anual del día de la diversidad. Me encontré ahí, confrontada a un cuarto lleno de chicos de tercer grado muy a la última moda, preguntándome como hacer para conectarme con ellos a nivel emocional. Tuve una idea.

"Bueno, esto es lo que quiero que hagan," les dije. "Vamos a hacer un pequeño juego. Quiero que todos ustedes apoyen sus cabezas en sus pupitres y cierren los ojos."

Me miraron como diciendo: *Por favor señora, ¿que está tratando de hacer? ¡Déjese de embromar!* Pero como yo era la invitada y ellos eran niños bien educados, hicieron lo que les pedí.

"Ahora imagínense que están en su cuarto, en su casa. Visualicen su cuarto. Es de noche, están acostados en la cama, casi dormidos. ¿Están conmigo? ¿Sí? Bueno, ahora imaginen que alguien golpea a su puerta, y entran sus padres con varios hombres extraños. Los llevan en autobús algún lugar, y tienen que dejar todo lo que había en ese cuarto atrás. Sus juegos, computadoras, libros, juguetes—todo queda atrás.

"Emprenden un largo viaje que dura toda la noche, y a la mañana, terminan en un aeropuerto. Los suben a un avión, los mandan a un lugar al que nunca han estado anteriormente, y saben que no pueden regresar nunca más."

Luego les dije: "Bueno, deténganse. Abran los ojos y levanten sus cabezas."

Ya los tenía de mi lado.

Les expliqué que la historia que les había contado describía el comienzo de mi infancia. Así fue como llegué a Estados Unidos. Les conté como era mi vida en ese entonces, como al principio no sabía ni hablar inglés, todo lo que me enseñaron mis padres y como me ayudaron a transformarme en una profesional, y les hablé también sobre la importancia de que les vaya bien en el colegio. Seguramente habían quedado varados en *¡Ay, dejar mi cuarto y todas mis cosas atrás!*

He dado charlas en esa escuela varias veces, quizás intentando dar pequeños pasos para ampliar la comprensión. Esta ha sido una gran parte de lo que yo veo como la contribución y el legado que puedo dejar atrás. Doy charlas en diversas instituciones sobre temas latinos, sobre mujeres mentoras de otras mujeres, y la creación de programas acerca de la diversidad. Frecuentemente, me preguntan como hice para poder crecer en mi profesión, me piden que aconseje a mujeres que quieren convertirse en empresarias. Este es un enorme fragmento sobre la historia de mi vida.

Pero cada uno de nosotros tenemos una historia para contar. ¿Cuál es la suya?

## Recuerde que Usted Deja un Legado Se lo Proponga o No

Todd, un chef, dice lo siguiente: "Hacemos cenas de familia en casa—no todas las noches, porque estamos todos yendo en diez direcciones distintas, pero al menos un par de noches por semana. Nosotros—yo, mi esposa, los cuatro niños—nos sentamos, comemos juntos y hablamos de todo.

"Siempre he hablado sobre mi trabajo. Usted comienza cómo un asistente, luego avanza hasta la parrilla, va ascendiendo. Dos de mis niños, un chico y una chica, están interesados en lo que yo hago para vivir. A los otros dos, también chico y chica, no les interesa. Sin embargo, si yo menciono algún error que hice en el trabajo ese día, me escuchan. Me doy cuenta. Sus pequeñas orejitas aletean. No hay nada que a los niños les guste tanto como saber que papá se equivocó. Ellos lo gozan. Por lo tanto les cuento estas historias.

"Obviamente, nunca son desastres de gran escala. Les podré contar como me desboqué o me embravecí con cierta persona, como algo se me fue de las manos. Luego, como hice para reparar el daño o como planeaba hacerlo al día siguiente. Recientemente les conté la manera en la cual despedí a alguien, un muchacho que simplemente no estaba rindiendo. Ellos me miraban intrigados. ¿Por qué se despide a alguien? Si usted debe echar a alguien, ¿cómo se lo dice?

"Creo que éste es un problema que tenemos los padres: Estamos siempre cuestionando a nuestros hijos, sonsacándoles información, pero no les comunicamos como nos sentimos nosotros. Pensamos que debemos ser sus héroes. Lo que debemos representar realmente es el rol de modelos. No héroes. Porque francamente, ¿quién es un héroe en esta vida? Si usted no le hace saber a sus hijos como se equivoca y como hace para arreglar esos errores, ¿cómo lo aprenderán? Yo he tenido un par de historias duras, momentos en que no he encarado ciertas cosas de maneras correctas, y les he hablado de ellas también. Creo que esto es lo que le dejamos a nuestros hijos, como manejar lo que les sucede en sus vidas. Hábleles de los momentos en que usted se equivoca y cómo se las arregla para solucionarlos."

Usted no siempre se da cuenta de que todos los que lo rodean aprenden de lo que a usted le pasa y de lo que hace. No se trata solamente de usted. Todos están mirando. La audiencia está escuchando. Por ende, a medida que atraviesa la vida, va influyendo a la gente que lo rodea a través de sus acciones. Quizás no se le reconozca en el momento que desearía, pero ocurre.

*Maneras de*
## CREAR UN LEGADO:

- Intente conectarse con los que no son como usted.

- Esté ahi para los niños.

- Tiéndale una mano a los que vienen detrás suyo.

- Comparta su historia.

- Recuerde que usted deja un legado se lo proponga o no.

# TERCERA PARTE

# Sobre la Reflexión

# OCHO

# Cosas que Creía en las que Hoy Ya No Creo Más

*Y*O NO SOY LA MISMA PERSONA que era hace tres años. Dentro de tres años, tampoco seré la misma persona que soy hoy. El crecimiento y el cambio son parte de la vida. El viaje de toda una vida implica movimiento. Para mí, y para cada uno de nosotros, ese movimiento significa que inevitablemente habrá gente que dejaremos atrás, pensamientos que no pensaremos más, y creencias que ya no serán preciadas para nosotros. Si seguimos discurriendo en pensamientos, hábitos y planes idénticos, haciendo las mismas cosas de la misma manera año tras año, no llegaremos muy lejos.

Durante el tiempo que transcurrió mientras escribía este libro, he estado viviendo un tipo de viaje diferente, un viaje mental, de recolecciones. Mirar hacia atrás y recordar las experiencias que describo en estos capítulos, desde mi infancia hasta esa niña immigrante que era en Miami y a través de mis veinte años en esta amplia carrera de diversos rangos, me ha creado un enorme interés por poner en orden las cosas como eran entonces y como son ahora. ¿Cuáles son las ideas que he abandonado y cómo cambió mi visión a medida que mis experiencias de trabajo y mi realción con Dios fueron profundizándose? ¿Qué otras ideas sostengo aún como verdaderas?

Quiero compartir algunas de estas conclusiones con ustedes. Están inextricablemente unidas al desafío de liderar una vida guiada por el Espíritu y esforzarse siempre por vivir a través de los principios espirituales que ésta requiere: fe, devoción, humildad, integridad, perdón, administración y el crear un legado.

Quizás algunas de mis visiones les resuenen a las que ustedes han descubierto por sí mismos mientras seguían el sendero de sus propias carreras.

### CREENCIA PREVIA 1:
### Una Mujer Necesita Actuar tan Duramente como un Hombre para ser Exitosa en un Ambiente Laboral

Tendemos a sostener cierto estereotipo de ideas sobre como deben actuar los hombres y las mujeres en el trabajo.

Las mujeres deben ser seres que nutren y colaboran; los hombres independientes y agresivos. No necesariamente.

Siempre fui consciente, desde mis comienzos, que el mundo del negocio era mayormente un club, un mundo de hombres, y sentía que una mujer ambiciosa tenía que aprender a navegar ese territorio foráneo. Algunas de las cosas que aprendí de mis padres fueron el permanecer cortés pero no dejar que nadie dicte mis limitaciones. "No prestes atención al miedo y a la ignorancia," me decían. "No dejes que nadie te haga sentir que no puedes lograr ciertas cosas en el negocio porque eres mujer."

Pero probablemente, dado que mis experiencias tempranas en la vida corporativa ocurrieron exclusivamente en grupos masculinos, hubo lecciones que aprendí sobre adaptarme a una atmósfera predominante. Y así y todo realicé que ser mujer en un lugar de trabajo tiene su poder y su fuerza. Traemos con nosotros una combinación única de habilidades y talentos diferentes a la que aportan los hombres. Cuando tratamos de ser algo que no somos, dejamos un vacío que no puede ser reemplazado.

CREENCIA PREVIA 2:
## Naturalmente, las Mujeres Ayudarán a Otras Mujeres

Teóricamente, suena natural que las mujeres ayuden a otras mujeres. En la práctica, no funciona de esta manera.

Las mujeres no siempre se ayudan una a otra sólo porque son mujeres. He trabajado tanto con mujeres como hombres maravillosos, y es un error asumir que hay un vínculo en común sólo porque se comparte el mismo género. Cuando yo hablo con mujeres jóvenes que recién comienzan sus carreras, siempre les señalo la sabiduría e importancia de buscar y encontrar modelos y mentores dondequiera que sea. Busquen gente con empatía y generosidad, con un amplio rango de maestría, no solamente gente como ustedes.

Como les mencioné en un capítulo anterior, al principio de mi carrera tuve una mujer como jefa. Mi inclinación era ser totalmente directa con ella. Instintivamente, creía que había una camaradería natural entre nosotros. Las dos éramos mujeres; compartíamos metas, desafíos y luchas similares. Sin embargo, a medida que transcurrió el tiempo, realicé que ella sentía que algunas de mis iniciativas laborales eran amenazas potenciales a su posición y que ella estaba confabulando a mis espaldas como eliminar mi empleo.

Por otro lado, a través de mi carrera, me he beneficiado y he disfrutado de relaciones extremadamente positivas con hombres que fueron mis mentores. Estar en etapas más avanzadas de mi carrera y tener una experiencia mas amplia y larga hizo que estos individuos pudieran enseñarme lo que yo necesitaba saber para ascender al próximo nivel.

### CREENCIA PREVIA 3:
## Usted Tendrá Éxito en el Trabajo Sólo si Desiste o Suspende sus Deseos y Logros Personales

Durante largo tiempo yo creí en esto muy sinceramente. Esos fueron mis días de adicción al trabajo: era soltera, tenía horarios insanos, viajaba la mayoría del mes, y concurría a la iglesia. No sucedía más nada en mi vida.

Pero una de las lecciones que aprendí durante esos años—y tuve que pasar por una neumonía y otros procesos semejantes para entenderla—fue que la vida no tiene por qué desequilibrarse solamente porque usted es soltero o está solo. No tener un esposo o una familia propia como prioridad no justifica que usted deba dedicar toda su atención y llenar todas sus horas con el trabajo. Esa es una vida desarmonizada. Usted podrá lograr ciertos triunfos en su carrera, pero no es lo mismo que vivir plenamente el propósito que Dios le alberga para su tiempo en esta tierra. Nuestra llamada no se trata sólo de administrar bien nuestros trabajos, pero también nuestras vidas.

Yo llegué a comprender que existía un propósito en la vida para mi etapa de soltería. Pero el propósito no se trataba de tener que trabajar más que la gente casada, de suspender todo lo no laboral porque de todos modos no había demasiado ocurriendo en mi vida. Ese es un hábito fácil de adoptar, ya que tanto sus propias inclinaciones como las presiones externas se lo fomentan. En algunos ambientes de trabajo existía, y quizás aún hoy exista, la suposición de que en general la mujer o el hombre solteros deben hacerse cargo de cualquier negligencia y cubrir ciertas bases. Después de todo, ni él ni ella tienen una familia a la cual volver.

Estas son cuestiones difíciles. Hay estudios que indican que los empleados solteros, especialmente las mujeres, se sienten atropelladas y sobrecargadas, ya que las madres deben retirarse del trabajo temprano para asistir a algún partido de fútbol o llegar tarde al trabajo por alguna reunión escolar de padres y maestros o quedarse en casa con un niño enfermo. Y cuando a los hombres solteros se les presenta alguna oportunidad en su carrera, cuando hay despidos o reorganizaciones laborales, la presión que existe por mantener a los empleados casados que son los que proveen a sus familias, tampoco los beneficia.

Después de un tiempo, y tuvo que pasar mucho tiempo, yo comencé a establecer mis límites de mejor manera. Les hice saber que no estaba disponible todos los días durante quince horas.

Ser soltero trae acarreada cierta soledad. Pero puede también ser un tiempo verdaderamente único para construir y realzar los cimientos de la relación con Dios—especialmente porque aún no se tienen las prioridades y el tira y afloje del matrimonio y la familia. Usted se descubre a sí mismo. Tiene la oportunidad de crecer y darse cuenta que su llamada es tan importante en el reino de Dios, como la llamada de alguien que está casado y criando hijos. Aprenda a valorarse a sí mismo. Cuando llega a comprender la importancia que usted tiene en el reino de Dios, se realzan su autoestima y su valor. Ya no se definen sus parámetros por títulos o etiquetas laborales, por si usted es casado o soltero. Y eso, a su vez, le permite ser más firme en el sitio de trabajo cuando le es necesario poner límites.

En efecto, mucha gente soltera dice: *Me preocuparé por esto de Dios más adelante; cuando mi carrera esté encaminada, haré algo con mi vida espiritual en ese momento.* Sin embargo, el mañana no nos está asegurado a ninguno de nosotros. No sabemos que nos espera al día siguiente. A través del tiempo, descubrí que si la relación preliminar es con Dios, si esa es la base que lo impulsa a vivir y tomar decisiones con respecto a su carrera, usted estará mejor equipado para elegir a su pareja cuando llegue el momento de decidir. Toda etapa de la vida tiene sus bendiciones, si elegimos conectarnos con Dios de manera que Él pueda señalarnos dichas etapas.

Hay un versículo en las escrituras que dice: "Pruébalo y verás que el Señor es bueno." En otras palabras, experiméntelo por sí mismo. Aunque a veces el sendero se oscurezca, haya duras tribulaciones y le parezca no ver la luz, cuando mire hacia atrás dirá: *Ah, gracias. Esos tiempos me fortalecieron.*

¿Se puede tener todo, como dice el dicho? Yo digo que si, absolutamente. Yo soy prueba viviente de que una carrera próspera y una vida personal plena no son incompatibles. Por supuesto que la realidad y el sentido común deberían indicarnos que tenerlo todo es algo que probablemente nos llegue a través del tiempo, quizás inclusive a través de una vida, y quizás no todo simultáneamente en un sólo y grandioso regalo.

CREENCIA PREVIA 4:

## Hacer lo Correcto Es Suficiente para Llegar Adónde Usted Quiere Llegar

Los principios que he descrito a través de este libro se tratan de hacer realmente lo que es correcto. Es decir, actúe con humildad e integridad, con perdón y compasión. Sea un buen administrador de la gente y compañías para las que trabaja, y ayude a los que vienen detrás suyo. Yo espero haber podido transmitir el mensaje de que las acciones correctas van de la mano con una alta valorización de uno mismo.

Sepa lo que vale. Infórmese sobre el valor de sus habilidades en su sitio de trabajo y pida lo que se merece basado en su rendimiento. Arme estrategias y afírmese en su búsqueda de oportunidades y gente que puedan ayudarlo a dar el próximo paso. Y, si como alguno de los individuos que han compartido sus historias en este libro, usted está pensando en ser audaz, dar un salto y probar nuevos y temerosos rumbos, trate de tener sus finanzas y otros pormenores en orden.

He escrito sobre momentos en que tuve que negociar mi salario, disputar sobre nuevas posiciones y demás. Me pueden ver como una intrépida. Pero no fui siempre así, me tomó algunos años aprender a ser audaz. Claro está que todos preferiríamos hacer lo correcto, ser bueno, productivo en el trabajo, y luego sentarnos a esperar que el mundo se dé cuenta y nos recompense apropiadamente. Pero el mundo no siempre funciona así. A veces, hay que saber ser directo y hablar.

Es más fácil confiar en uno mismo cuando el propósito es manejado por Dios. Desarrollar confianza en Dios le permitirá ser audaz cuando sea necesario.

### CREENCIA PREVIA 5:
## Es Preciso Tener Todas las Respuestas

Uno de mis jefes sabios me enseñó una lección crucial. Él me dijo que la gente lo respectará tanto por su voluntad de averiguar lo que no sabe, como por lo que sabe. Como adicta al trabajo y persona que deseaba lograr aún más que lo que se esperaba de mí, éste fue un mensaje que verdaderamente aprecié. No siempre se tienen todas las respuestas; a veces hay que acudir a individuos de diversas áreas y formaciones, acercarse y juntar a la gente en equipos e influenciarse de sus visiones y maestría.

Mucho más que debilidad, yo diría que se demuestra una gran fortaleza al admitir que hay ciertas cosas que no sabemos y que debemos aprender de los demás. Tendemos a ser demasiado duros con nosotros mismos—enfocándonos en nuestras deficiencias, en lo que debemos mejorar, y pensando que debemos luchar por cuenta propia. Acudir a los demás es la mejor manera.

CREENCIA PREVIA 6:

## Usted Es una Persona dentro del Trabajo y Otra Persona Fuera del Trabajo

No es así. Usted es quién es todo el tiempo. Si es una persona que sólo vive para servirse a sí misma, no posee empatía, no sabe escuchar y tiene súbitos arranques de mal humor—eso es lo que usted lleva dentro suyo. Puede saltar a la vista y ser evidente en un individuo y no en otro, pero estará presente.

Así es como la vida de hogar se entrelaza con la vida profesional. No se puede "cerrar la puerta," apagar cierta parte de su ser cuando usted está en la oficina y volver a encenderlo cuando retorna a su hogar. No realmente. No es parte de la naturaleza humana dividirse de esa manera. No es Ana la profesional quien está impaciente. Es Ana el ser humano quien está impaciente. Si yo aprendo a observar mis arrebatos en ciertas áreas, podré también verlos en otros lugares y con otra gente en mi vida, y trabajar para poder mejorarlos.

Usualmente esto comienza con una oración *O, Dios, sálvame de mí misma.*

# NUEVE

# Cosas que Creía en las que Hoy Creo Más Firmemente

En el tiempo en que inicié mi relación con Dios de la manera que la describí anteriormente, me puse una meta, hice una declaración de mi misión personal: vivir una vida digna de la llamada que llevo dentro de mí y de los sacrificios que mis padres hicieron para que yo pudiese aprovechar las oportunidades únicas que se me presentaron. Creo que todos debemos declarar nuestra misión personal en esta vida.

Reflexionando, pude examinar como cumplí con esa meta hasta ahora y las creencias que sostuve a través de los años que aún siento como verdaderas. Aquí están las más importantes.

CREENCIA 1:

# Nunca Olvide de Dónde Proviene
## y Cómo Comenzó

Una vez en una entrevista me preguntaron quién era la persona a la que más me gustaría conocer. Pensé en individuos con quienes he tenido contacto a través de mi carrera—presidentes, embajadores, estrellas de cine, celebridades, gente interesante e influyente. Yo respondí que me hubiera encantado conocer a mis tres abuelos que murieron antes de que se diese esa oportunidad. Creo que podrían haberme otorgado un entendimiento más profuso sobre mi historia y perspectiva familiar. Me hubiera encantado saber como ayudaron a formar los caracteres de mi madre y mi padre, ya que finalmente son ellos quiénes me formaron a mí. También me hubiera gustado saber como eran de niños.

La abuela que conocí vivió con nosotros en Miami hasta que falleció, cuando yo tenía doce años. Su muerte me afectó profundamente. Ella y yo pasábamos muchas horas juntas, y yo probablemente la conocí mejor que mis hermanos. El negocio de mi abuelo los hizo mudar de España a Cuba hace décadas, e inicialmente ella se resistió a acompañarnos a Florida en ese vuelo que hicimos, anunciando que no era su intención abandonar sus raíces nuevamente. Pero ante la insistencia de mis padres finalmente lo hizo, convirtiéndose en una presencia de gran fortaleza y estabilidad en nuestras vidas. De ella y de mi madre, aprendimos de niños sobre autores cubanos, poetas y escritores españoles como Cervantes. Ambas siempre sintonizaban programas políticos y comentarios en la radio, miraban a Walter Cronkite en TV, invertían su tiempo en los noticieros, "algo real, algo sólido," decía mi madre.

Pienso en esas dos mujeres, sin fluidez en el idioma, siempre mirando hacia adelante, aprendiendo. Pienso en el coraje que tenían.

Mirar hacia adelante. Ese era el mensaje. Fue interesante ver como mis padres nunca quisieron que nosotros, como jóvenes adultos, volviéramos a Cuba, ni siquiera a visitar. No querían que viéramos en lo que se había convertido ese país. Ellos sentían que "Ya no es más nuestro país; no es como queremos que ustedes lo recuerden." Pero siempre sentí el fuerte deseo de ver ese lugar, y finalmente tuve la oportunidad de hacerlo en un viaje misionario con mi iglesia. Pude conocer a tíos y otros familiares, pasar el día con ellos, con esta gente que no me había visto desde que yo tenía dos años y a quienes apenas conocía. Tuve el indicio de todas las fuerzas que habían logrado congregarse para que nosotros pudiésemos comenzar una vida nueva, y de todo lo que llevaban arraigado mis padres a causa de ese lugar y de ese tiempo.

Siempre nos decían: "Los gobiernos podrán quitarles cosas, objetos, lo que sea, pero no pueden quitarles quienes son ustedes; no pueden quitarles el conocimiento y la casta a la cual pertenecen." Mi madre y mi padre le daban mucha importancia a estos valores. Por lo tanto, para nosotros, el enfoque siempre fue el colegio—estudiar, tener buenos resultados en nuestras clases, pensar hacia que carrera nos llevaría todo esto. Ellos nunca hablaban de la necesidad de que nos casáramos y les diéramos nietos, por ejemplo; pensaban que Dios se ocuparía de eso llegado el momento. Alcanzar una educación apropiada y establecerse en una carrera exitosa no es algo que se produce así no más; lograr esas metas requiere un gran esfuerzo, pensamientos conscientes, y muchas oraciones.

De ahí provengo yo y así comencé. Y es algo que no deseo olvidar jamás.

CREENCIA 2:

### Honre a Su Padre y a Su Madre

Honre a su padre y a su madre, no importa quienes sean, lo que hayan hecho, de dónde provengan, y lo que no saben. Es probable que sepan mucho más de lo que usted piensa.

Mis padres son los que más me han apoyado en mi carrera, a los que siempre acudo para que me aconsejen. Durante mi trayectoria, hubo veces en que los llamaba repetidamente para que me dieran su perspectiva. No porque pensaba que me iban a ayudar con el valor presente del dólar o a diseñar la mejor y más reciente estrategia de comunicación que yo necesitaba para mi trabajo. Pero siempre podía preguntarles: "¿Qué piensan sobre tal cosa?" Frecuentemente, sus sugerencias sobre cómo manejarme en las cuestiones relacionadas a la gente con la cual yo me enfrentaba, eran mucho más sabias que algunos de los consejos que me daban ciertos individuos que estaban considerados más "exitosos" o tenían más conocimiento.

Sus padres no tienen porque ser eruditos de Rhodes para poder comprender las dinámicas de la naturaleza humana. Ellos tienen una perspicacia que usted no posee. Yo provengo de una cultura en la cual se respeta a los mayores, ya que el cabello gris significa experiencia.

He pensado mucho sobre la noción de honrar a los padres y lo que esto significa. Honrar a sus padres puede tomar diversas formas. Básicamente, significa donarles su tiempo, que ellos tengan prioridad en su vida. También significa ponerlos en primer lugar cuando es necesario. Significa compartir su vida con ellos, tanto los triunfos como los fracasos. Significa no juzgar sus acciones; nunca llegaremos a estar en sus zapatos. Significa perdonarlos por los errores que alguna vez cometieron.

Parte de honrarlos significa también seguir sus en-
señanzas, mientras éstas no sean poco éticas, inmora-
les o profanas. Para mí, esto significa volver a esos días
pasados, cuando recién comenzaba mi viaje y Dios me
otorgó el coraje de decirles a mis padres: "No voy a andar más a los tropezones para matenerme a flote espiritualmente. Necesito seguir lo que está dentro de mi
corazón. Gracias por haberme dado una base sólida,
pero estoy siendo conducida en otra dirección." Mis
padres me habían enseñado a buscar mi propio camino en la vida y a capturar las oportunidades a medida que emergían, y yo estaba viviendo de acuerdo a
esto.

Mi papá ejercía un gran balance en todo lo que me
estaba sucediendo en aquella época. Sus palabras me
decían: "No te preocupes por como voy a reaccionar yo.
Haz lo que tengas que hacer, lo que sientas que está
bien. Mientras no sea ilegal, inmoral o vaya en contra
de Dios, el resto es lo de menos, todo saldrá bien."

Yo siempre me he sentido orgullosa de mis padres.
Hasta hace un año, yo volvía a casa cada seis semanas a
pasar fines de semana largos, para simplemente estar
con ellos. Definitivamente estamos en mundos distintos. Recuerdo que una vez fui invitada a un cóctel en la
Casa Blanca. Me había olvidado de contárselo a mis
padres, y los llamé desde el aeropuerto en camino a
Washington, D.C.: "Hola, ¿a que no saben adónde voy

esta noche?" Se los dije, y del otro lado del teléfono, en diferentes extensiones, mi madre y mi padre quedaron sin palabras. Y me di cuenta del impacto que había tenido esta noticia sobre ellos.

Quince días más tarde volé a casa para uno de esos fines de semana largos. Estaba recostada en el sofá leyendo. Tenía puestos unos jeans con agujeros en las rodillas y una remera vieja. Mi mamá se acercó y me dijo: "No sé si últimamente te he dicho lo orgullosos que estamos tu padre y yo de ti. Has sobrepasado todo lo que nosotros podríamos haber hecho años atrás. ¿Pero sabes lo que más nos gusta? Que aún te mantengas tan a tierra. La gente me dice que hablas tan bien de nosotros, que siempre nos pones allá arriba, que nunca te has avergonzado de tus padres." La mirada en la cara de mi madre y sus ojos llorosos me dijeron aún más que esas palabras que tanto me tocaron.

### CREENCIA 3:
## Encuentre una Carrera que Acentúe Su Pasión y Sensación de Urgencia

Usted puede ser un gran líder, un jefe magnífico, pero no le podrá enseñar a ninguno de sus empleados a sentir pasión. Esto es, de una manera muy real, parte del material en crudo con que venimos a este mundo.

Cuando descubra el sendero de su carrera, el que se

conecta con la forma única en que usted viene programado, éste, de por sí, desencadenará su pasión. Quizás no ocurra súbitamente, pero a medida que usted vaya progresando, vea como se desarrollan los eventos y crezca en experiencia, la pasión se le desencadenará sola. Cuando yo comencé mi carrera, no tenía idea que ese camino me llevaría a los sitios a los que arribé. Pero cada paso me hizo ir distinguiendo como se iba armando el rompecabezas y como mis talentos innatos se iban acomodando a áreas que yo nunca había tenido en consideración.

Así y todo, les advierto que la pasión no es ni excitación ni entusiasmo. Es más profunda, es algo que se siente inclusive cuando ciertas situaciones o momentos no están funcionando bien. La pasión se halla en lo que usted hace y en el impacto que esto tiene; no está basada en las circunstancias inmediatas alrededor suyo. Yo amo absolutamente lo que hago y lo he llevado a cabo muchas veces en ambientes de trabajo que estaban lejos de ser perfectos.

Tendemos a pensar que quizás los doctores, ministros o profesores tienen pasión por su trabajo y carreras. Sienten "una llamada." Tendemos a no hacer la conexión referente a la pasión con la gente que trabaja en áreas de negocios. Creo que no es necesario estar envuelto en un esfuerzo altruista para sentir pasión. Lo que usted haga dictará su pasión. El ministro, el profesor y también el ejecutivo de Wall Street—cada uno de ellos ha sido formado de manera única por Dios para alcanzar su llamada. Y también un ministro, un profesor o un ejecutivo de Wall Street pueden no captar la señal de esa llamada.

A veces pongo en ecuación este asunto de la pasión o la llamada apasionada que acarrea la idea de la sensación de urgencia. En el sentido más básico esto significa ejecutar el trabajo. Pero no arrastrando los pies. Como gerente, a veces he observado gente malgastando el tiempo en un proyecto o asignatura, y frecuentemente es porque creen que deberán confrontarse con cierta oposición en relación a lo que se les ha pedido que logren. O no están seguros de como hacer las cosas, y tampoco están dispuestos a pedir instrucciones. También he trabajado con gente que mental y espiritualmente ya no estaba en su empleo. Estas personas no se hallaban plenamente comprometidas, no sentían esa pasión por los resultados que pudieran obtener. Y esto significaba una pérdida para todos.

Alguna gente comienza con grandes esperanzas, encuentran que lo que hacen les resulta prometedor y lo disfrutan. Luego, transcurren los años, y un día piensan: *¿Esto es todo lo que hay?* o *¿Es éste el tipo de trabajo que yo debería haber buscado?* o *¿Estoy haciendo lo que hago sólo porque he desarrollado experiencia aquí, necesito el dinero y no veo demasiados empleos a mi alrededor? Pero, ¿ahora qué?*

No hay respuestas fáciles. Estamos influenciados por muchos factores de la vida real. Está claro que si usted está manteniendo a una familia, necesita su cheque y los beneficios. Si sólo hay oportunidades limitadas en el campo en el cuál usted se mueve, mantener la pasión por su trabajo puede venir en un orden inferior en su lista de prioridades. Sin embargo, pienso que alcanzar ese punto de preocupación o desilusión o "¿Esto es todo lo que hay?" puede ser crítico en términos de la única vida que usted posee. Probablemente, mi respuesta no lo sorprenderá: Tenga fe en el propósito de Dios. En lugar del miedo y la frustración, deje que la fe lo guíe. Cuando esté en duda, rece.

### CREENCIA 4:
## Los Desafíos Pueden Quebrarlo e Impedir Su Crecimiento o Hacerlo Emerger y Lograr lo Mejor

El camino que usted elija cuando se enfrente a un desafío—dejarse quebrar o motivarse a lograr lo mejor—es una elección personal.

Tome los desafíos como oportunidades positivas—tómelos con integridad, humildad y coraje—creo que en el medio de todo esto, usted descubrirá lo que yo he descubierto: encontrará seres que lo comprendan y lo tomen bajo su ala. Descubrirá que hay algunas organizaciones que desean hacer las cosas bien pero no saben como; que usted podrá tomar ventaja al pisar nuevo suelo, aunque los pasos que dé sean dificultosos y hasta dolorosos; que perteneciendo al rango de los pioneros, podrá dar forma al curso de su carrera y a las vidas de los que lo rodean.

CREENCIA 5:

### Dios Nunca Actúa al Azar

Ser soltera fue una gran etapa en mi vida. Ser casada también lo es.

Hay un pasaje en las escrituras que nos habla a mi esposo y a mí, probablemente porque los dos somos profesionales: "Ser dos es mejor que ser uno, porque ambos se llevan una buena recompensa por su labor; y si alguno cae, el otro ayudará a su compañero a levantarse...Por más que uno sea subyugado por el otro, dos pueden resistirlo. Y un cordón triple no se rompe fácilmente."

Ese cordón es usted, su pareja y Dios, que los liga, conjuntamente.

Pero el hecho de que dos sean mejor que uno no quiere decir que ser uno no sea bueno durante los períodos en que se es llamado a ser uno. A veces estos períodos pueden ser confusos.

Mi esposo y yo logramos mirar hacia atrás a nuestro

primer año de matrimonio y ver como Dios permitió que los eventos que ingresaron en nuestras vidas forzaron a dos personas ya adultas y muy independientes a depender uno del otro. Inmediatamente después de que volvimos de nuestra luna de miel, yo caí en cama con neumonía, y mi esposo me cuidó. Un tiempo después, él pasó por una seria cirugía de espalda, y yo lo cuidé. Luego, nos enteramos de que yo había quedado embarazada. Pasaron muchas cosas durante nuestro primer año de matrimonio.

Algunos amigos nos dijeron: "Ay, ustedes han tenido tan mala suerte, tan mala sincronización." No estoy de acuerdo. En principio, no creemos en la suerte. La suerte significa eventos al azar, fuera del control de Dios. Y no creemos que nada esté fuera del control de Dios. Observamos lo que ocurrió y podemos ver la mano de Dios en esto. Vemos como Él permitió ciertos eventos, y como esos eventos nos unieron aún más y nos hicieron desarrollar nuevos músculos: *¿Cómo dependo yo de otra persona? ¿De qué manera llego al lugar en el cual me vuelvo uno con esa persona? ¿Cómo hago para confiar totalmente en alguien?* Cuándo usted está tirado y no puede hacer algo por sí mismo, realiza que *necesita de esa otra persona*. Y no hay nada más fuerte. Si estar tirado es lo que necesita para darse cuenta, entonces cáuselo.

Nuevamente, todo esto nace de sentir ese propósito; es comprender que al fin y al cabo, Dios moldea todo lo que sucede en nuestras vidas no para el mal, si no para el bien de quienes lo aman. Existe una razón que tiene que ver con todo lo que le ocurre, tanto en su vida personal como en la laboral. Serénese y permita que Él le muestre esa razón.

## Usted Cosecha lo que Siembra, Siempre

A través de una antigua jefa mía, a quien mencioné en un capítulo anterior, vi desplegarse ante mis ojos la lección que dice que uno siempre cosecha lo que siembra. Ella pensaba que yo quería su empleo, y trató de eliminar el mío durante una reestructuración laboral en la empresa. Yo ascendí a una posición mejor y más importante y ella terminó reestructurándose fuera de la compañía. He observado este suceso más de una docena de veces. No siempre se da repentinamente o de la misma manera o entre las mismas dos personas, pero todos cosechamos lo que sembramos en algún momento.

Esto se aplica tanto a lo bueno como a lo malo. Cuando las semillas que se plantan son buenas dan frutos buenos. La gente de quienes somos mentores, la integridad con que vivimos, y todos los principios cubiertos en este libro vuelven a visitarnos, a nosotros, a nuestros hijos y a los que vienen detrás, que a su vez también han de cosechar buenos frutos de las buenas semillas que hemos plantado.

# Epílogo

COMENCÉ *MANTENGA LA FE* CON las palabras del matemático, filósofo e inventor del siglo XVII, Blaise Pascal: "En el corazón de cada hombre hay un vacío divino que no puede ser colmado por ninguna cosa creada, sólo por Dios el creador, dado a conocer a través de Jesucristo."

A pesar de su elevado intelecto, este hombre de ciencias y matemáticas creía que sin Dios, la vida no tenía sentido. Usted fue creado en función de Dios y no viceversa. La vida se trata de dejar que Él lo use a usted para Su propósito, y no que usted lo use a Él para el suyo. Yo creo que a cierto nivel, todos estamos profundamente conscientes del vacío divino que hay en nuestros corazones. Ese vacío suplica el ser colmado, y lo hacemos de diversas formas, intentando encontrar nuestras propias respuestas o modelos a seguir. Tarde o temprano, consciente o inconscientemente, realizamos que la paz, la conexión y el propósito sólo se pueden hallar junto a Dios.

Una vez que usted comience este viaje con Dios, concertará la aventura de su vida. Sus sueños más grandiosos se verán pálidos en comparación a lo que Dios le tiene almacenado. Frecuentemente, miro hacia atrás y pienso en los sueños, esperanzas y ambiciones que yo tenía a los dieciocho años. Luego le entregué mi vida a Dios, y puedo decir honestamente que cuando llegué al final de mis veintitantos años, mi vida había excedido esos grandiosos sueños y expectativas.

Quizás hoy, especialmente, los eventos y la gente que encabezan los noticieros hayan allanado el camino y hayan hecho resurgir la creencia de que nuestras vidas espirituales deben estar más activas, más profundamente embebidas en las decisiones y acciones de nuestra vida diaria. Las respuestas a su vida y el encontrar un propósito propio en este mundo, provienen de cuestionar al Creador—y de establecer esa relación que logre penetrar todos los detalles de su vida. Eso es lo más supremo.

A través de *Mantenga la Fe*, con frecuencia he usado la palabra *propósito*. Cuándo yo hablo sobre el propósito, tengo en mente tres niveles de lo que eso significa para mí. Uno de los sentidos es la trascendencia; estoy en este sitio por alguna razón, para llegar a alcanzar un objetivo que cubra la extensión de toda mi vida, y algún día poder mirar atrás y reconocer el rol que logré llevar a cabo.

Luego está el sentido del propósito que trae momentos de cambios y nuevas direcciones, senderos o aparentes desvíos que aparecen en el camino y que sé que debo seguir. Tengo fe que así como ocurre cuando se teje un tapiz, el cuadro final tendrá sentido y formará un total; cada hebra existe por una razón.

Finalmente, pienso en el propósito de cada día, de los muchos pasos y decisiones que voy tomando mientras vivo mi rutina diaria—trabajando con otros, llevando a cabo mis tareas inmediatas, negociando con las dificultades y frustraciones que debo confrontar de la manera más devota.

Mucho de lo que incluye este libro ha tenido que ver con el propósito del día a día en relación al trabajo. Un dicho popular dice que "el diablo está en los detalles." Yo creo que Dios está en los detalles. Todos los principios espirituales que he delineado aquí suman un estilo de vida y de trabajo, que reflejan y representan la relación con Dios. Ese estilo de vida representa y revela los detalles de nuestra vida:

- Busque la sabiduría y apoyo de aquellos que poseen más conocimiento y experiencia que usted. Luego prosiga con los que puedan beneficiarse de su conocimiento y experiencia y ayúdelos.

- Administre responsablemente los compromisos y tareas que se le encomiendan para poder cumplirlas.

- Tenga conversaciones dificultosas cuando sienta que es necesario, aunque le resulten arduas e incómodas.

- Haga valer sus habilidades y talentos de manera adecuada.

- Actúe con integridad, aunque nadie lo sepa o lo haga.

- Pida disculpas cuando hiera o subestime a alguien aunque no lo haga intencionalmente.

- Niéguese a participar en acciones incorrectas o justificarlas.

- Recuerde que a veces es lo que usted no dice, no lo que dice.

- Por encima de todo, entréguese y rece por el propósito único que Dios alberga para usted.

El vivir una carrera con Dios como centro, hace que los detalles cuenten. Cuando usted logra establecer esa relación con Dios, las actitudes que proyectan su corazón y su mente lo conducen hacia acciones devotas—y la gente se da cuenta.

Mis tres perspectivas relacionadas al propósito se conectan enteramente una a la otra. Sobre todas las cosas existe el sentido de la misión, la llamada de Dios y el viaje. Sin Él, yo no puedo disciplinarme ni enfocarme en lo que tengo que hacer para poder llegar hasta allá, porque no tengo un "allá" adonde llegar. Sin Él, la humildad, la integridad, el perdón y todos los principios en los cuales creo, no tienen demasiada relevancia. Se convierten en algo abstracto y fáciles de predicar pero también fáciles de ignorar, olvidar o anular cuando el camino se torna difícil.

# Agradecimientos

*"Agradezco a mi Dios por cada recuerdo suyo."*

PHILIPPIANS 1:3

NINGUNA PALABRA PUEDE EXPRESAR ADECUA-
DAMENTE el nivel de agradecimiento que tengo en mi corazón hacia toda la gente—amigos, familia y colegas—que
me ha ayudado a hacer de este libro una realidad a través de sus oraciones y apoyo.

Con amorosa gratitud a mi marido John: Gracias por
creer en mi capacidad de llevar a cabo este proyecto
cuando ni yo misma podía creerlo, por desear que me
convierta en todo lo que el Señor me creó para ser, por
tu amor y apoyo durante este proceso y por tus oraciones. Te amo, siempre.

A mi hija Sydney Isabel: Que vayas creciendo de acuerdo a todo lo que Dios ha destinado para ti, agradeciéndole, siempre.

A mi hijastro Justin: Tu espíritu y enfoque en la voluntad de Dios y lo que Él desea para tu vida, es un ejemplo para los que te rodeamos; eres una bendición para todos nosotros.

¿Adónde estaría yo si no fuera por mis padres, Pablo y Ana Mollinedo? Ellos me enseñaron los fundamentos de todo lo que comparto en este libro, pero aún más importante, me enseñaron a buscar a Dios, siempre, en todo. Su amor y su sacrificio han significado el mundo para mí. Gracias, mamá y papá.

A mi hermana Marlene y mi hermano Peter: el entusiasmo incondicional con que han recibido todos mis éxitos me ha desbordado, siempre. Gracias por haber estado de mi lado y haber creído en mí, aún cuando les era difícil comprenderme. Ambos me han servido de inspiración en este proyecto más de lo que se imaginan.

A mis queridos amigos por sus sabias palabras y aliento en cada giro de este proceso—Jennifer Marr, Marylin Sims, Sylvia Benito, Isabel Rivera, Kathryn Min, Akram and David Tobias, Elizabeth Lisboa-Farrow, Anna Escobedo Cabral, Betty Cortina, Sabrina Womack, Tony, Darlene, and Kristen Rogers: Cada uno de ustedes ha influenciado este proceso de manera única y especial. A Haydee Morales, por plantar una semilla que continúa dando frutos. Gracias a Pastor Neil y Noline Rhodes por su amor incondicional y guía espiritual que siempre me han impulsado a seguir adelante junto a Cristo.

Muchas gracias a Isabel González, amiga, autora y editora, por creer en mí más que lo que yo misma creía, y encender esa chispa que inició todo esto.

A mi agente, Harvey Klinger, por guiarme a través de los recovecos del mundo de las editoriales. Gracias por tu sabiduría, humor y *chutzpah*. Me comprendiste desde el principio, y te estoy verdaderamente agradecida. A Andrea Thompson: Gracias por capturar mis pensamientos y darles vida. ¡Eres impresionante! Gracias a mi muy talentoso editor principal, Rene Alegria, quien creyó en mí y en este libro desde el principio; a mi editor principal asociado, Raymond Garcia; y al maravilloso equipo de Harper/Rayo: Melinda Moore, Amy Vreeland, Larry Hughes y otro sinfín de personas.

También, toda mi gratitud a las numerosas personas que voluntariamente compartieron su tiempo e historias de vida para este libro. Por más que sus nombres y datos de identificación hayan sido cambiados para proteger su privacidad, sus experiencias se sumaron a la esfera y profundidad que llevaron darle vida a *Mantenga la Fe*.

A mi Dios y Señor, Cristo Jesús: Todo lo que soy y todo lo que tengo te lo debo a ti. Gracias por el privilegio.